明治大学教授
齋藤孝

悩み続けてきた「僕」から君たちへ

社会人1年生に伝えたい成長と成功の本質

祥伝社

はじめに

この本を手に取った「君」は、社会に出たばかりでしょうか。だとすると、おそらくさまざまな人から「これから、ますます社会で生きていくのは大変になるぞ」といったことを言われてきたはずです。

でも、どうでしょう。いくら「オトナ」にそう言われても、何か今ひとつ実感が伴わないのではありませんか。

その理由は、おそらく「あなたが社会に出たばかりの頃と、時代がまったく違うのに、その基準で言われても……」という漠《ばく》とした〝時代錯誤感〟を、言葉の端々《はしばし》から嗅《か》ぎ取ってしまうからではないでしょうか。

その点、まったく「君」が正しい、と思います。オトナが若い人に人生の生き抜き方、失敗の乗り越え方を話す場合、結局のところ、自分の若かりし頃の「成功体験」

語りから逃れられないのです。しかも、理解を示すような口ぶりとはうらはらに、思いっきり上から目線で……。


こう書くと、当然「君」はこう思うでしょう。

「あなただって、そういうオトナの一員でしょ。しかも、本も出し、テレビにも出て、苦労なんてしてなさそうだし、今さら教えてもらうべきことなんてあるの？」

たしかに年齢はそれなりにいっているし――自分で言うのも何ですが――社会的に見たら成功をおさめている部類に入るのでしょう。

つまり、先ほど説明した「上から目線」で語るオトナのなかでも〝最上級〟だと警戒されるのも当然だと思います。


それでも、なぜそんな「僕」が、社会人1年生の「君」に向けて、社会に出て「成長」し、そして「成功」するために必要不可欠なコツを、手紙に記そうと思ったのか。

それは、今の状況からすると想像がつかないかもしれませんが、**20代の頃の「僕」は、**

何の準備もせずに社会の荒波に飛び込み、悩み、迷い、ストレスだらけの歳月を、人一倍長く送ってきたからです。「また自慢話かよ……」と思わせてしまうような若い頃の成功体験なんて、ひとつもありません。

とにかく早く一人前の「大人」になりたい、その名を世に知らしめたいという思いだけが空回りし続け、ときに心の苦しさに押しつぶされそうになりながら10年間、もがきました。

シンプルに事実を言えば、33歳にして無職、無所属。

そして、**「成長」「成功」「幸福」とは何かを求め続け、ようやくその答えを得られたのは40歳になってから**です。

このように、おそらく「君」があまり近づきたくないオトナと、「僕」はちょっと違う人生を歩んできました。

そんな壁にぶつかり続けた生き方から学び取れることもあるのではないかと思ったのが、手紙を書くことにした一番のきっかけです。

一方で、大学教員になってから30年以上、「1年後、2年後には社会に出てしっかりと活躍する」ことを想定しつつ、毎年、多くの教え子たちに教育、日本語のプロとして、勇気が出る言葉を送り続けてきました。

そして、幸いなことに、「先生のあの言葉が励《はげ》みになった」「おかげで困難を乗り越えられた」といった、うれしい返事をもらっています。

本書を通じて、「成長」「成功」「幸福」に必ずやつながると「僕」が信じてやまない、そうした言葉の数々が、教え子たち同様、きっと「君」にも届くはずだと確信しています。

それでは、そろそろ「君」への1通目の手紙を読んでもらうことにしましょうか。

はじめに――003

第1章 「仕事」という〝荒野〟を恐る恐る歩き始めた君へ

「不安」について――018
「うまくいかない」「こんなの理不尽だ」という苦い思いと未来への不安を、
30代になっても抱き続けていた僕だからこそ、悩む君に言えることがある――

「適性」について――022
好きなことや、ワクワクすることを仕事にしたいと思うかもしれないが、
実は、その「夢のような話」に〝特大の落とし穴〟があるということだけは
覚えておいてほしい――

「努力」について――028
「努力が大事」なのは当然だが、社会に出てからは努力の〝質〟について
しっかり考えないと、「自分に向いている仕事」には、
なかなかめぐり合えないかもしれない――

「時間」について――034
意識高い系の同期の活躍に対し焦りを感じるのは当然だが、
仕事において本当に大事なことは、
「発言」「態度」「見た目」ではなく、「時間」に対する意識の高さだ――

「責任」について――040
「どうでもいい仕事」をしたくないという君の気持ちはよくわかる。
でも、どんな仕事であれ責任を放棄したら、
その時点で学生時代のアルバイトと変わらなくなってしまう――

「態度」について――046
上に甘え、頼れるのは若手の特権であり、
しかも、それを行使すればするほど信頼を得られる。人一倍「可愛げ」がなく、
周りをドン引きさせていた僕が言うのだから間違いない――

第2章 「挫折」という〝難敵〟との戦いで心が折れかかっている君へ

「挫折」について 054
20代はまだまだ迷ったり、つまずいたりしてもいい時期だ。ただし、どれほどもがいても、人に理解してもらえなかったら、残念ながら、その努力は意味をなさない――

「鬱屈」について 062
心のモヤモヤを吹き飛ばすには、とにかく目の前の課題に粘り強く取り組み、成果を挙げ自信をつけること。
安易に転職したところで自信がない限り、重苦しい気分が晴れ渡ることはない――

「不満」について 068
給料、上司の言動、仕事の割り振り、コネ……。そこかしこに転がっている不満のタネを、平然とスルーできるかどうかが、「成長」できる人、できない人の分かれ目となる――

「妥協」について 074
社会で生きていく限り、「理不尽」は避けて通れないし、自分の思い通りにいかないからこそ、いかに「よりマシな妥協」を求めるかという心構えを早いうちに持つべきである――

「利他」について　080
「人のために動く」というのは、誰にもできることではない。
だからこそ、お金や自己満足ではなく社会への貢献を目標に働くと、
自分自身の能力は飛躍的に高まる――

第3章　「組織」という〝迷宮〟で自分を見失いかけている君へ

「組織」について　088
組織で働いていると、自分が単なる〝コマ〟にすぎないと感じるだろう。
その原因は実は組織自体ではなく、
「自分が、自分が」という狭い視点にとらわれた自分自身にある――

「役割」について　096
普段はもとより、ミスをしたときもテンション高めに振る舞うのが若手の役割。
それだけで経験不足を補え、仕事の幅も広がる。
このことを大半の人は知らないからこそ、そこに勝機がある――

「修正」について——102
ミスは誰でもする。
ただし、古くは『論語』でも問われたように、ミスをすることが問題なのではなく、
指摘されたミスをすぐに修正できないことこそが問題なのだ——

「確認」について——108
名前、社名、アドレス……。人は、間違えるはずがないと思うものほど間違える。
だからこそ、確認をとるのは基本中の基本であり、
それなくして仕事は成り立たないと言っても過言ではない——

第4章 「人間関係」という〝城壁〟の前で足がすくんでいる君へ

「関係」について——116
組織には気の合わない人間は必ずいる。
だが残念ながら、人付き合いよりタイパ、自分時間を優先している限り、
かけがえのない人生の豊かさが手に入ることは永遠にない——

「評価」について——122
人生は不安との戦いの連続だ。
SNSで他人から評価されたところで、現実は何も変わらないし、
存在の不安定さは解消されないし、人として成長できるわけでも、まったくない——

「執着」について——128
「自己承認欲求」は、いつの間にか「執着」の〝沼〟と化す危険性がある。
一方で、世の中には自分を後回しにしてでもやりたい、
そう思えることも確実にあることを知っておいてほしい——

「仲間」について——134
友だちが大切なのは当然だが、「友だちは何でも言える人」では決してない。
むしろ、「友だちは言いすぎてはいけない人」だと心得るべきである——

「友情」について——140
職場では友だちが作りづらいと言われる。だが、本当にそうだろうか。
「合わない」と感じる同僚との付き合いもまた、
成長という観点から見たら「友情」の一形態なのではないだろうか——

「結婚」について――146
見た目、年収、勤め先は、この先いくらでも変わり得る。
そんなあやふやな条件より、結婚生活にとってはるかに大事なのは、
価値観をすり合わせられるか否かの一点しかない――

「選択」について――154
「恋愛」も「結婚」も、すべては「選択」というストレスとの戦いである。
決断により、そこから解放されれば、
善し悪しは抜きにしてストレスフリーな生き方を間違いなく実現できる――

第5章 「成功」と「幸福」という〝未来〟を描き切れない君へ

「家庭」について――160
仕事と家庭に優先順位をつける必要などない。仕事重視でもいいし家庭重視でもいい。
ただし家庭を持つと、未来がより明確になるので、人生に腹をくくれるようになる――

「お金」について――166
お金は大事だが、
「お金がないから何もできない」は絶対に間違いだ。恐れるべきはお金がないことではなく、
お金がないという恐怖にとらわれ、勝負時に必要な勇気を振り絞れないことである――

「幸運」について――172
「運」は天から降ってくるものではなく、すべて人間関係から生まれてくる。
ただし、一歩でも早く動かなければ、「幸運」を捕まえることは決してできない――

「統率」について――178
リーダーという立場でしか養えない力は必ずあり、
それが、君のこの先の人生を大きく変える。
チャンスがあるなら早めに、上に立つ人にしか見られない
〝景色〟を一度は見ておくべきだ――

「成功」について――184
「成長」を実感させてくれるのは、実は「成功」しかない。
ただし、目標を達成し成功を収めるには、
理屈抜きに時間が必要であり、その間に何をしたかで成功の価値は決まる――

「幸福」について——190
人生はきれいごとでは済まない。抗い難い運命の渦に巻き込まれ、
何度も〝モンスター〟と戦うことになる。
だが、逃げ出さずにそれを打ち倒して初めて「幸福」を得られるのだ——

「人生」について——196
幸せな人生か否かを決めるのは、貯金の額でもなければ、出世でもない。
どれだけ本気で充実した日々を送ったか、その積み重ねしかないのだ。
さて君は今日、何にチャレンジするのだろうか——

おわりに——202

カバーデザイン
原田恵都子
(Harada + Harada)

本文デザイン・DTP
茂呂田剛
(エムアンドケイ)

カバーイラスト
眼福ユウコ

編集協力
藤原千尋

Worry

Aptitude

Effort

Punctuality

Responsibility

Attitude

第1章

「仕事」という“荒野”を恐る恐る歩き始めた君へ

「不安」について

「うまくいかない」「こんなの理不尽だ」
という苦い思いと未来への不安を、
30代になっても抱き続けていた僕だからこそ、
悩む君に言えることがある——

Worry

先日は忙しいなか、訪ねてきてくれてありがとう。

君のスーツ姿、なかなかサマになっていましたよ。

2カ月の研修期間を終えて、配属が決まり、本格的に社会人としてのスタートを切ったからでしょうかね。就活生のときとは微妙に違う、こなれた感じがあって、「ああ、いよいよ一歩踏み出したんだな」という印象を持ちました。教え子を社会に送り出すというのは、何度経験しても感慨深いものですね。


今さらですが、僕にとって、君は自慢の教え子でした。

気さくで素直で親切で、不器用なくらい真っすぐで。口数は多くないけれど、気配りがあって、いつも笑顔。少々要領のよくないところもあったけれど、誠実で、ウソをついたり、ズルいことをしたりなんか決してしない。いないとみんなが寂しくなってしまう陽だまりのような人。

だから君は、ゼミのメンバーからも、とっても好かれていましたよね。君は気づかなかったかもしれないけれど、実は、みんな君を頼りにしていました。

ところが、そんな学生時代の様子とはうらはらに、先日訪れた君の表情は、どこか翳《かげ》って見えました。時折、笑いながら話していましたが、何か仕事が面白くない、仕事を辞めたい気がしてきた、というようなことも口にしていましたね。

新人にはよくあることかもしれませんが、あのときの君からは、仕事に対するそこはかとない不安、自分ひとりでは解決しがたい困惑のようなものが感じられたのです。

本当は誰かに相談したいのに、心配をかけてはいけない、弱音を吐いてはいけない。そう思って、ひとり抱え込んでしまっているのではないか……。

その、何とも言えない後ろ向きな感じがどこか君らしくなくて、とても気になり、僕は今回、君に手紙を書くことにしました。

君は知らないと思いますが、こう見えて、**僕は人一倍、失敗もしているし挫折もしてきました。どっぷり落ち込んで、鬱々《うつうつ》としながら過ごした期間も長い。**

「意外！」と思うでしょうが、本当です。

大学教授だし、本も出してテレビにも出て、何の悩みもなく人生順風満帆で過ごしてきたのだろうと思うかもしれないけれど、そうじゃない。**「うまくいかない」「こんなの理不尽だ」という思いを、僕なんて30代になっても少なからず味わった**のです。

だから、これまでの僕の人生経験が、きっと今の悩んでいる君の役に立つに違いない。僕の経験とそこから学んだことを伝えてみようと、僭越《せんえつ》ながら思い、筆をとったわけです。

もちろん、君と僕とは別々の人間で、性格も似ているとは言えないかもしれない。でも、20代で抱える悩みの根本に、そうそう違いがあるとは思えません。**会社員だろうと教育者だろうと、〝つまずき〟を乗り越える糸口は同じ**はずです。

「仕事とは、人生とは、こうあるべき」という人生訓ではなく、ちょっと年上の先輩からの、「山あり谷ありの経験」に基づくアドバイスとして、参考にしてもらえるとうれしい限りです。

そして、時間があるときでかまわないので、ぜひとも感想を教えてください。

「適性」について

好きなことや、ワクワクすることを
仕事にしたいと思うかもしれないが、
実は、その「夢のような話」に
〝特大の落とし穴〟があるということだけは
覚えておいてほしい――

Aptitude

君が先日言っていた、仕事が「向いている」「向いていない」について。

4年生の最初の授業でも繰り返し話したように――覚えているかな？――自分にとってどんな仕事が向いているのかというのは、人生の一大問題だよね。

「向いている」「向いていない」とみんな簡単に口にするけれど、これは、けっこう大事なこと。なぜなら、**向いていない仕事を延々《えんえん》とやり続けるほど、大変なことはないしバカバカしいことはない**からです。そんなの、ストレスがたまるだけでしょう。

ストレスが過度にたまると、当然のことながら自分の実力は発揮できません。実力が発揮できなかったら、目標も達成できないし成果も出せない。そして、仕事が楽しくない、続かないということになってしまう。**どんなにやる気やポテンシャルがあってもストレスに阻《はば》まれたら、できるものもできません。**

なかには、ストレスだらけでも成果を出せるという器用な人、ガマン強い人もいるけれど、まあ、たいていは続かない。ほどなく限界がきて、放り出したり、病気になったり、何らかの形でプツンと糸が切れてしまうことでしょう。

ですから、いかにストレスをためずに仕事をするか、ストレス対策が重要だということがわかりますよね。そのためには、「できるだけ自分に合った仕事、向いている仕事を選ぶに限る！」ということになるわけです。

じゃあ、向いている仕事、仕事の適性とは何でしょうか。

よく、好きなことや、ワクワクすることを仕事にするのがいいと言いますよね。

たしかに、スポーツが好きだからスポーツ選手になる、スポーツ関連の仕事に就《つ》く、あるいは歌やダンスが好きだからその手の道に進む、というのは、一見理にかなっているように思えます。

でも、残念ながら実際には、そううまくはいかない。「ワクワク」で選ぶというのは素晴らしい考え方だけれども、いざ仕事となったら「アレ？　ワクワクしないぞ」ということのほうが圧倒的に多い。**そもそも仕事というものは、好きか嫌いかにかかわらずワクワクしないのが現実**なのです。

だから、「好き」や「ワクワク」で選ぶのはちょっと危険。**「ワクワク」を基準に仕事を選んでいたら、アレもコレもワクワクしないとなって、結果的に何も得ないまま、**

ただ転職を繰り返すことにもなりかねません。

「じゃあ、向いているかどうか、一体どうやって見極めたらいいのでしょうか？」

君のそんな声が聞こえてきそうですが、その答えはね、簡単に言うと**「長時間やっても疲れにくいかどうか」**だと思います。

たとえば、ビーズに糸を通すような細かい仕事。

君、これを延々と続けられますか。僕だったら、絶対にムリ。たぶん1時間と続かない。細かい手作業をていねいに、黙々と継続する根気がない。だから、細やかな作業を重ねてものを作り上げる職人さんは、本当にすごいと思います。

一方、大勢の前で話すとなったら、僕は大得意です。５００人、１０００人の前でも、まったく緊張しないし苦にならない。２時間でも3時間でも、ずっと話していられます。人前で話すのは緊張するし疲れるという人もいると思うけれど、僕は全然疲れません。

もちろん、どんな仕事をするにしても根気は必要だし、ある程度のコミュニケーション力は求められます。それでも、**いくらやっても疲れない、なかなか疲れを感じないことと出会ったら、きっとそれが向いている仕事になる**と、僕は思います。

今はまだ新人なわけだから、単純作業の繰り返しや、あれこれ雑用をやらされることも多くて、何が疲れて、何が疲れないのかなんて、よくわからないかもしれない。だけど、「疲れにくい」という〝基準〟を知っておくと、何が向いているのか、早めにあたりがつけやすくなりますよね。

最初は何でもやってみて、疲れやすいか疲れにくいか、自分自身に問いかけながら、「うん、これならあまり疲れないな」というものを見つけてみる。そして、そのことを、それとなく上司に伝えてみる。すると、おそらく上司も「ああ、この人はこういう仕事が向いているんだな。それなら任せてみよう」となるはずです。

ただし、疲れやすい、疲れにくいは、業界や会社の社風、環境にもよると思います。たとえば、会社の雰囲気がやたらとお堅いとか、逆にカジュアルすぎるとか。あるいは人間関係の距離が近すぎるとか、逆に距離が遠くて冷たい感じがするとか。業務自体は疲れないけれど、どうも場の空気に馴染《なじ》めないということもあるでしょう。

こうした環境的な要因のせいで疲れてしまうということもありますから、そこは〝現場の空気〟をしっかりと吸ってから、判断する必要があると思います。

あるいは同じ業務をするにしても、その会社の仕事のスタイルややり方によって、どうにも続かない、疲れてしまうということもあるかもしれない。

体を動かすことを例に挙げてみると、**僕は学生時代からテニスが好きで、テニスなら何時間走り回ってもへっちゃらだけれども、登山となったら２００メートルも山道を歩いたら疲れてしまう。**体を動かすという点では変わらないはずなのに、中身が違うだけで疲れ方に格段の違いが出てくることもあるわけですね。

このように、疲れるか否かは、さまざまな判断軸がある。

こういうことを頭の片隅にでも置いておくと、自分自身が本当はどんな仕事に向いているのか、いないかということも、きっと判断しやすくなると思います。

「努力」について

「努力が大事」なのは当然だが、
社会に出てからは努力の〝質〟について
しっかり考えないと、
「自分に向いている仕事」には、
なかなかめぐり合えないかもしれない――

Effort

「長時間やっても疲れにくいのが向いている仕事だと言うけれど、その中身をもっと具体的に教えてほしい」というのが、前回の手紙に対する君のリクエストでしたね。

では、それに応えて、もっと突っ込んだことを説明していきましょう。

何時間やっても疲れにくいというのは、言い換えると「努力を努力とも思わずにやれる」ということ。「ツラいけど頑張らねば」と自分にカツを入れなくても、自然に努力できてしまう状態ですね。

かの大谷翔平選手が、メンタルの考え方について、こんな発言をしています。

「日本の場合は根性、根性みたいなところがあると思うんですけど、それも善し悪しだと思うので、はまる人にははまると思いますし、はまらない人にははまらないのかなと思います」

この「はまる」「はまらない」という言い方が、努力のあり様について、実にうまく言い当てていると思います。

そもそもスポーツでも仕事でも、「根性でやれ！」「がむしゃらにやれ！」と言われ

ても ピンと来ない人には全然響かない。「根性と言われても、どうすればいいの？」となってしまう。

だから僕は、みんなが みんな〝昭和の根性論的〟な、ツラい努力をする必要はないと思っています。よく**「石の上にも3年」と言うけれど、これもケースバイケース**ということですね。

もちろん、努力が不要だとは言いません。何をするにしても、真摯《しんし》に物事に向き合う姿勢は必要不可欠です。

でも、心が疲弊《ひへい》してしまうような努力はムダな努力の可能性もある。そう切り替えて、努力に対する考え方を変えてみるのも大事なことではないでしょうか。

では、どう変えたらいいのか。

繰り返しになりますが、疲れを感じずにできることを見つけて、そこに一心不乱に突き進む。これが結果的に努力になると、そう考えてみるのです。

たとえば、**僕はこれまで1万冊以上の本を読んできましたが、読書を努力だと感じ**

たことは一度もありません。周りからは「努力をしている」ように見えるのでしょう。

でも、本を読んで疲れたことなど一度もないですから、努力という感覚は一切なし。

ニーチェなんて、**「読書する怠け者を憎む」**とさえ言っています。まあ、読書はそのくらい、簡単な人にとっては簡単なもので、努力どころか怠けていることになる。

このように、努力というものは当人次第というところが多分にあるものなのですね。

ですから、「頑張って努力しなければ」と考える前に、気づけばついやっちゃう、やらずにはいられない。そんな**「努力の意識なくできる何か」を見つけて、仕事につなげていくのが一番**なのです。


ただ、「気づけばついやっちゃう」がなかなか見つからないことも当然ある。やる気はあるけれど、どうも続かない。「やらずにいられない」の域に達しない……。

そんなときは、**「数値目標」を設定してみるのも手**です。

たとえば、資料作成に2時間かかったら、次回は1時間半と決めてやってみる、会議で3回以上発言する、明日までに新たな業務をひとつ覚える、などなど。

そんなふうに、きっちり目標を立てて取り組んでみると、人は面白いもので、自然と〝やる気スイッチ〟が入りやすくなるものなのですね。

数値目標がどうしても立てられないのであれば、「この作業が終わったら、あのお店のスイーツを食べよう」のような〝ご褒美《ほうび》設定〟でもいいかもしれません。

こうした習性を活用すると、あまり気乗りしなかった作業にポジティブに向き合えるようになる。気づけば努力を努力と思わずにできるようになる。そして、自分の強みの発見につながる、ということも当然あり得るでしょう。

実際、僕もよくこの「数値目標」を使います。

君にも学生時代に何度か話したように、たとえば原稿を書いたり、インタビューを受けたりするとき、「1時間以内にこれとこれを書こう、話そう」と決めて、手元にストップウォッチを用意し、時間経過を意識しながら取り組んでみる。これをやると、自然と気分が乗って、疲れ知らずで書いたり話したりできます。

テレビの収録にしてもそうです。とくにテレビは時間との勝負だから、コメントが長いとせっかく話しても、使われずに終わるということもしばしば。

最初は「せっかく話したのにカットされてガッカリ」と思いましたが、「ならば短い尺内《しゃくない》で」と時間を意識して工夫してしゃべったところ、コメントが使われないということもほとんどなくなりました。まあ、使われないならそれはそれでいいのですが、**いずれにせよ、この数値目標設定のおかげで、ずいぶんと仕事が楽しくなりましたね。**

些細《ささい》なことですが、こんなふうにちょっと工夫してみるだけで、努力を努力と思わずにやれるようになったり、少し苦手なことにも積極的にチャレンジできるようになるのではないでしょうか。

「ゲーム化」してみると、退屈なことでも面白くなりますよ。

こうした工夫をしても、どうにもこうにも疲れてしまう。夢中になれなくて、続けていくことがとてもしんどい……。

そう感じたら、「これは自分にとって向いていない仕事なんだ」と判断し、次のステップを考えていいと思います。

「時間」について

意識高い系の同期の活躍に対し
焦りを感じるのは当然だが、
仕事において本当に大事なことは、
「発言」「態度」「見た目」ではなく、
「時間」に対する意識の高さだ――

Punctuality

あの人は仕事ができる。彼は、仕事への意識が高くカッコいい。

職場では、しばしばこういう言葉を耳にすると思います。

ひょっとすると、君の同期にも、そんなふうに評価されている人がいるのでは？

君がちょっと落ち込んだふうに見えたのも、そんな「できる人」と自分を比べてしまったせいかな、とも思いましたが、そんなことはありませんか？

たしかに、上司の前でも堂々としており、会議でも積極的に発言して、どんどん株を上げている人を目の当たりにすると、「ああ、すごいな」「ああいうのを仕事ができるって言うんだな」と感じますよね。よくわかります。

でも、**必ずしも「堂々としている、よく発言する、意識が高い」＝「仕事ができる」とは言い切れません。**それも大事なことですが、もっと重要なことがあります。

何だかわかりますか？

それは**「仕事の締め切りを守る」**ということです。

「なんだ、そんなことか」と思うかもしれませんが、実はこれはものすごく重要です。

たくさん発言することより、はるかに重要だと言っても過言ではありません。

考えてもみてください。会議やミーティングでは目立つのに仕事の期限が守れない人と、仕事ぶりは地味だけれど、きっちり期限を守ってやってくれる人。

君だったら、どちらと仕事がしたいですか？

僕だったら、間違いなく後者です。大人しくても目立たなくても、期限を守る人を迷わず評価します。というのも、**どんなに素晴らしい企画もアイデアも、会議に間に合わなかったら、納品に遅れてしまったら、もはや台無し、信用丸つぶれ、会社にとっては大きな損害になる**でしょ？

仕事というものは、何であれ「締め切り」との戦いです。

だから、**まずは期限を守る。この重要性を理解し、実践《じっせん》できる人だけが「仕事ができる人」になれる**のです。

実際、僕はどちらかというとアバウトな性格ですが、締め切りだけはきっちり守るようにしています。「守れませんでした。ごめんなさい」なんてことを繰り返していたら、誰にも相手にされなくなってしまいますからね。

自慢じゃないけれど、僕は小学校の夏休みの宿題は、毎年8月31日に死ぬ思いで仕上げていました。もっと前にやればいいものを、アバウトなものだからどうしても先延ばししてしまう。この性分だけは何としても直らない。だからこそ自分に、「苦しくても締め切りだけは守れよ」と言い聞かせ続けてきたのです。

事実、期限を守るというのは、簡単なようでいて難しい。現実には、これを守れない人がワンサといます。とくに新人は、これができているかどうかを厳しく見られていることでしょう。

ですから、今は目立とうとなんかしなくてもよし。**物静かでも目立たなくても、言われたことを、期限をきちっと守ってやれる人だと認めてもらえたら、それは大きなアドバンテージになる**はずです。

もっとも、「じゃあ、期限さえ守ればいいのね」というわけにもいきません。それプラス、作ったものが正確であり、かつ誰の目にもわかりやすいなど、質のよさにも気を配らなければなりません。いくら期限が守れても、出来上がったものがお粗末だったら、お話にならないですからね。

一方で、時間を決めずにダラダラやるのも問題です。

もちろん、手間ヒマかけなければならない仕事もありますが、**通常業務に時間をかけるのは単なるムダ。時間をかけず確実に仕上げようという意識が、仕事の質を上げていくことになる**のです。

ちなみに「質」については、上司や先輩に確認しながら進めていくのが基本。苦労して仕上げて提出したのに、「求めていたのはこれじゃないよ」となったら、せっかくの努力が水の泡ですからね。「こんなもんでいいだろう」と独りよがりでやろうとするのは禁物です。

誰にも頼らずに、自力で完璧に仕上げることができればカッコいいですが、そういうケースは滅多《めった》にない。むしろ、「これでいいですか?」と、その都度質問しながら進めたほうがミスもなく、かつ「きちんと確認しながら進めているな」と上司から好印象を持ってもらえると思います。

もちろん自分で考えることは大事ですが、**質のよい仕事をするには自己流で突き進んでしまうと危険**ということですね。

独りよがりや自己流というのは、本当に時間のロスです。20代の頃の僕は、このせいでかなり遠回りをしてしまいました。

これについてはまた改めて書こうと思いますが、当時、僕は何事も自分のやり方で挑戦して、独力でやり遂げるのが当たり前だと思っていました。そのため、あまり周囲のことを考えず、ひとりで突っ走ってしまうようなところがあったのです。

今思えば、そのせいでずいぶんと損をしてしまった気がします。

その反省から言えるのは、**自分の考えだけで物事を押し進めず、相手にとってどうかを考慮に入れること。自分のやり方にこだわりすぎず、迷ったら「教えてください」と柔軟に対応していくこと。**

「できる人」になるには、こういう柔らかさが必要なのだと思います。

「責任」について

「どうでもいい仕事」をしたくないという
君の気持ちはよくわかる。
でも、どんな仕事であれ責任を放棄したら、
その時点で学生時代のアルバイトと
変わらなくなってしまう――

Responsibility

「仕事は期限厳守で！」と、ちょっと圧をかけるような書き方をしてしまいましたが、君の場合、おそらく期限を守るのは得意ですよね。課題の締め切りはもちろん、「いついつまでにこれをしてね」と頼んだことも律儀《りちぎ》に守ってくれていたし。

そもそも君は、受験戦争をくぐり抜けて大学に入学しましたよね。

僕が思うに、受験勉強をものすごく頑張ってやってきた人というのは、締め切りを守れる、なんとか間に合わせられる傾向があります。何しろ**受験勉強というのは、入学試験という「締め切り」に向けて周到に準備して一定の成果を出すための〝訓練〟のようなもの**ですからね。

こうしたことを経験してきた人が、締め切りを軽視するはずがない。いや、むしろ締め切りに向けて頑張って力を発揮することが得意だ、と言ってもいいはずです。

試験そのものも、締め切り、つまり制限時間との戦いですよね。決められた時間内で高得点を取るには、どの問題から解くべきか。ミスがないようしっかり確かめるには、どう時間配分すべきか。

要するに、**入試にチャレンジしてきたというのは、期限を守りつつ正確さを追いかける経験を積み重ねてきた**ということ。

もっと言うと、その練習を高校――もしかすると中学?――受験でもやっていますよね。

つまり、君は仕事で活躍するため、時間内にできるだけミスを少なく仕上げるトレーニングを長年続けてきた〝時間厳守のプロ〟とも言えるわけです。

こう考えると、「ああ、あの入試の感覚を思い出せばいいのか」「受験のときの頑張りがこんなところで生きてくるのか」と、少し自信がつきませんか?

「入試は自分の人生がかかっているから、本気で取り組むことができたけれど、上からの頼まれ仕事だと思うと、どこか他人《ひと》事でイマイチ身が入らない……」

そう感じることもあるでしょう。でも、そこは気持ちを引き締めて、小さい仕事だからこそミスなんかするものか、という姿勢で事《こと》に当たってほしい。

「どうせ下っ端だし、何かあったら上がカバーしてくれるし……」と思っていたら、

いつの間にか「仕事が楽しくない沼」にはまってしまいます。資料作成でも会議の準備でも、どんな小さな仕事も「自分の責任」だと当事者意識で臨《のぞ》むことが大事です。

仕事というものは、こうした「責任感」が不可欠です。努力を努力とも思わずに、疲れ知らずで取り組める。そういう仕事が「向いている仕事」だと言いましたが、**「しっかりと最後までやり遂げよう」という責任感が欠如していたら、それはそもそも〝仕事〟とは言えません。**

アルバイトと比べてみると、よくわかりますよね。

たとえばバイトだったら、働きたいときに働いて、「この日とこの日は休ませてください」と簡単に言えます。

ところが、社員だったらそうもいかない。現実問題として、自分の休みよりも仕事の状況や進捗《しんちょく》を優先せざるを得ない場合もある。なぜなら、仕事なので責任が生じるからです。

バイトだから無責任でいいというわけではありませんが、まあそこまで責務を負う必要はない。学生時代、いろんなバイトをやった君ならわかるでしょうが、責任の有無や重み、これがバイトと社会人の大きな違いということになるわけです。

こんなことを言われると、「責任かー、プレッシャーだなあ」と感じますか？

そうでなくとも、少し気が重たくなってしまったかもしれませんね。

でも、だからこそ疲れ知らずで頑張れる、気づけばつい努力してしまう。そんな自分に向いている仕事を選ぶべきだと思うのです。

そういう仕事なら夢中になれます。夢中になれれば粘り強さが生まれ、自《おの》ずとよい仕事をすることにつながります。当事者意識も生まれ、たとえ「上からの頼まれ仕事」でも責任を果たさずにいられるか、という気持ちも芽生《めば》えます。

こうしたことの積み重ねが君を〝一人前〟にしてくれるのです。

このような経験が重なると、仕事に対する多様な視点や気づきも生まれ、仕事がていねいになります。もちろんミスもあるでしょうが、失敗を経て慎重さが増します。やがて手慣れてくれば、仕上げるスピードも自然と速くなるわけです。

これに周囲からの「信頼」がプラスされて、「仕事を任せやすい人」になれたら、もう最強。**「早い（仕事が早い）・うまい（仕事がていねい）・やすい（任せやすい）」。牛丼の「吉野家」じゃありませんが、これこそが目指すべき「できる人」のあり方**ではないでしょうか。

僕は初めて東京に来たとき、吉野家を見て感動しました。というのも、24時間営業のうえ、キャッチフレーズが「早い、うまい、安い」。「こりゃイイや。仕事もこれだ！」と確信しました。ちなみに、今の吉野家は「うまい、やすい、はやい」と、スピードより質重視になったようですね。

まあ僕の場合、「安い」というのは、経験を積むためにタダでも仕事を引き受けようと考えたという側面もありますが。

とにかく君にもぜひ、吉野家のように「早い、うまい、やすい」を目指してほしい。いい努力を重ねながら、強い責任感で自分自身を磨いていってほしいと思います。

「態度」について

上に甘え、頼れるのは若手の特権であり、
しかも、それを行使すればするほど信頼を得られる。
人一倍「可愛げ」がなく、
周りをドン引きさせていた僕が言うのだから
間違いない――

Attitude

仕事というものにどう向き合えばいいか、少し見えてきたでしょうか。君の不安がわずかでも軽減できればうれしいのですが……。

でも率直に言って、新人のうちは仕事ができないのが当たり前です。責任を果たしたくとも果たしきれないのが普通。だから、背伸びして〝できるふう〟を装《よそお》う必要はないと思います。

それよりも、**新人のうちはミスしたら「すみません」「申し訳ありません」と素直に謝り、わからないところは「どうしたらいいでしょう?」「教えていただけますか?」と人に頼れることが肝要**ですね。

一般的に、ミスしても言い訳ばかりする、わからないことを尋ねようともしない、といった人は好まれません。多少手がかかっても、「これができません。教えてもらえたらうれしいです」という態度のほうが好かれるものです。

とくに新人は、この「好かれる」ということが大事。「教えてあげよう」「支えてあげよう」と相手に感じさせる「可愛《かわい》げ」が、新人の強みになるのです。

「可愛げ」というのは、もちろんルックスのことではありませんよ。

一言で言うなら、素直であるということ。**見栄やプライドを気にせずに、素直に「教えてください！」「助けてください！」と言ってこられると、人は「しょうがないなあ」という感じで助けたくなるもの**なのです。

精神分析学者の土居健郎《どいたけお》先生が書いた『「甘え」の構造』（弘文堂）という名著があります。先生はこの本で、「甘え」とは周囲の人に好かれ、また依存することであり、日本社会ではプラスに捉《とら》えられてきたと分析しています。

人を頼みにする＝甘えることが、日本の社会ではとくに大切だということですね。

僕は土居先生と対談をしたことがありますが、先生は「日本というのは甘えられる人のほうが受け入れてもらえる」とおっしゃっていました。

実際、「先輩、これできないんですよ、なんとかなりませんかね？」「わかったよ、なんとかしてあげるか」となる。相談してくる人はかわいい、「可愛げ」のある人は得だとなるわけです。

ところが、**思い返すと僕は、この「可愛げ」というものが圧倒的に足りなかった。**

僕は3人兄弟の末っ子で、幼い頃から10人もいる親戚のおばさんからもかわいがられ、まさに「甘やかされ」の極《きわ》みのなかで育ちました。

ただ、だからといって甘え上手かというと、なぜかそうでもない。むしろ人に甘えられない、頼れない性格だったのです。

それが露呈《ろてい》したのが大学院生時代のこと。相談に来れば指導してあげると言ってくれる先生がいたのですが、僕はそれをずっと拒否していました。

「自分のやりたいようにやりたいから、人の手助けなんかいらない」と突っぱね続け、先生との関係を悪化させてしまったのです。そんな生意気なことをせず先生と仲良くすればいいものを、「自分は一国一城の主《あるじ》だ」と勘違いしていたのですね。

当時の僕は、「自分は、すでにひとりの研究者だ。誰の手も借りないし、世話にもならない。上下関係なんかまっぴらだ」という高慢《こうまん》な態度をとっていました。

今思うと滑稽《こっけい》ですが、学生扱いされたくなく、いっぱしの研究者と見られるように、スーツを着て学校に通っていたのです。卒業して就職した友人はみなスーツを着ていたから、それに負けじと背伸びをしたかったのも、おそらくあったでしょうね。

おまけに先生に対して「自分は、研究者になるために大学院というルートを通っているだけであって、別にあなたの学生になったわけじゃない」と、いった態度をとってさえいました。

まあ誰の目から見ても憎々しくて、「可愛げ」どころじゃない。そんな態度が災いして、誰も僕の世話なんかしてくれないし、気にもかけてくれず、**結果、同期のなかで大学への就職が一番遅いというあり様**でした。

人に言うのもはばかられる僕の〝黒歴史〟ですが、この失敗を通して、僕はうぬぼれや思い上がりが、いかに愚かであるかを学んだのです。

だからこそ、君には「可愛げ」を大事にしてほしい。

何でも自分でできると、たかをくくったり、思い上がったりしてはいけない。

そんな「可愛げ」のない態度をとっていたら、誰も相手にしてくれないし、力になってもくれません。そこをしっかりと心に留め置いて、謙虚な気持ちで教えを乞《こ》い、素直に頭を下げられる人になってください。

仕事でよく「報連相《ほうれんそう》＝報告・連絡・相談」が大事だと言われます。この報連相は、仕事をミスなく進めるために不可欠な心がけです。

しかも、そればかりではなく、きちんと連絡や相談をしてくる人は素直で好まれます。言い換えるなら、**報連相ができる人は、それだけで「可愛げ」があると認識される**ということでもあるのです。だから、仕事での報連相を忘れずにこまめに行なうようにしたいものですね。

追伸

「報連相」のほかにもうひとつ、新人の心がけとして実践してもらいたいことをひと言でまとめたキーワードがあります。僕の経験から思いついた独自のキャッチフレーズで、君にぜひとも伝えたい。これについては、またの機会に書きましょう！

Setback

Depression

Dissatisfaction

Compromise

Unselfishess

第2章

「挫折」という〝難敵〟との戦いで心が折れかかっている君へ

「挫折」について

20代はまだまだ迷ったり、
つまずいたりしてもいい時期だ。
ただし、どれほどもがいても、
人に理解してもらえなかったら、
残念ながら、その努力は意味をなさない——

Setback

「手紙を読むうちに心の霧が少し晴れてきました」

この君の一文を読んで、安堵《あんど》しました。僕の経験が君のやる気を後押ししたなら、これほどうれしいことはありません。

ところで、君は手紙のなかで「一番興味深かったのは先生の失敗談です」と書いていましたね。「もっと、いろいろうかがいたい」とも。うーん、これについては正直恥ずかしさもありますが君のためです。もう少し具体的にお伝えしましょう。

僕らの時代も、大学を卒業したら就職して、社会人としてのスタートを切るのが普通でした。僕がいた法学部はとくにです。が、そんななかで僕だけが大学院に……。研究者になるつもりでしたから何もおかしなことはないのですが、まだ学生の身分であるということに、大きな違和感を覚えていました。

大手企業に就職してけっこうな額の初任給をもらっている友人と比べて、自分はなぜ給料をもらうどころか、学費を払っているのだろうと疑問に感じていたのです。

そのため、前回の手紙で伝えたように、学校にスーツを着て行ったり、大学院の先生に生意気な態度をとったりしてしまったわけですが、これが思いのほか長引いて、気がついたら33歳に……。

「なぜ思い通りにいかないのだろう」という思いを抱いたまま、大学卒業から10年もの歳月が経ってしまった。ずいぶんなこじらせようですよね。

といっても、僕の場合、うまくいかないこと自体に挫折を感じることはありませんでした。なぜなら、自分のやりたいことについては何の迷いもなかったからです。志《こころざし》もあるし、やるべきこともはっきりしている。けれど、わが道を進むのに授業料を払い、学生の身分が続くということに、どうにも納得がいかなかった。先の見えない状況に、もどかしさや歯痒《はがゆ》さを覚えていたのかもしれません。

まあ納得がいかないといっても、そういう制度なのだし、自分でその道を選んだのだから文句を言える立場ではないのもわかっています。

でも、**研究者になるのに、なぜお金を払わなければならないのかも疑問だったし、そもそも大学院に進まなければ研究者になれないというシステム自体にも我慢ならな**

かった。

それに前述したように、自分はすでに研究者だというアイデンティティを強く持つあまり、教官から指導されること自体が納得できなかったのですね。

今思うと、顔から火が出るほど恥ずかしいことです。若気《わかげ》の至りとはいえ、こんな謙虚さを欠いた態度は、まだ半人前の学生として許されるものではない。本当によくない思考回路だったと、いまだに反省することしきりです。

この生意気さ、傲慢《ごうまん》さ以外にもうひとつ、僕には致命的な心得違いがありました。**研究者の最たる取り組みである論文の書き方そのものに大きな誤解があった**のです。

当時の僕は、自分が専攻していた教育学研究の領域は、他領域に比べるとさほど難しいものではないと思っていました。

だから、自分にしかない壮大な視点で、教育理論をすべて形にするような論文を書き上げたいと、大いなる野望を持っていたのです。

しかし、そもそも論文というものは、そんなアプローチで取り組むべきものではありません。ピンポイントで焦点を絞って書くものだし、そのほうがずっと書きやすい。これは論文を書くにあたっての常識です。

ところが、僕はそれを無視して身体と心の関係を明らかにし、それを教育理論として確立するという壮大な野望の〝言語化〟を実現しようと目指しました。

結果として、論文がなかなか仕上がらない。書き上げても納得がいかないからまた書き直し……。そんなことを、ずっと繰り返していたのです。

でも、そうこうするうち、**26歳のときに結婚して、しかも子どもが生まれるということに。**さすがにこれはまずいと思い、テーマを絞って書くよう努めます。

たとえば、指圧やマッサージといったものを教育と結びつけました。自分としては、われながら画期的ですごい発想だと得意げな気持ちいっぱいで書いたわけですが、読まされるほうにしてみれば「指圧、マッサージ……。何じゃそりゃ」です。

実際、そんな僕の論文は、どこの大学に送ってもまったく相手にされませんでした。

普通は論文を読むと、どこかに折り目がついたり、書き込みがあったりするもので

すが、そんな形跡は一切なし。明らかに読んでもらっていない状態で返されることがほとんどだったのです。

ここに至って、僕はようやく「自分、何か大きく間違っているな」と気づきます。どんなに意欲やアイデアがあっても、他人に理解されなければ意味がない。そこで、普通の研究者にとっては当たり前のことですが、いろいろな学会に所属し、専門家による審査を受けた査読つき論文を書くことに力を注ぎました。

すると、そうした論文が次第に注目を集め、研究者として認められるようになっていきます。**自己中心的な考え方を引っ込めて、人に理解される努力を重ねたことで、なんとか窮地を脱することができた**わけです。

この紆余曲折《うよきょくせつ》に、僕はなんと10年もの時間を費やしてしまいました。自分の考え方にこだわるあまり、足元の現実をおろそかにし続け10年……。「もっと早く気づけよ」という君の心のツッコミが聞こえてくるようです。

ただ、このような努力の空回りは——開き直りでも何でもなく——誰にでも起こり得ること。ですから、自戒も込めつつ君にこう言いたいのです。**どれほど努力しても人に理解してもらえなかったら、その努力も意味をなさない**のですよ、と。

自分に期待するというのは、決して悪いことではありません。大事なのは、**自分への期待値を逆算したうえで、「ならば今はこれをきちんとやっておこう」と現実に即した〝道筋〟を考えていくこと**。そのあたりの見極めは非常に難しいのですが、自分なりに期間や年齢を設定しながら考えてみるとよいかもしれませんね。

私は法学部時代、司法への道も考えていました。ただ、その頃の旧司法試験の合格率は2％程度。極端な〝狭き門〟だったのです。

当時、40歳になっても司法試験を受け続けているような人が東大の図書館にいました。その人の周りだけ、ただならぬ空気が漂っていたのを今でも覚えています。

僕はそうした人を見た瞬間に、自分は違うなと思いました。夢を追うのは素晴らしいことですが、自分には、そこまで司法の世界にこだわりがあるわけではない。

そもそも僕には「夢」という概念がなく、「いつかきっと、みんな僕の書いたものを読むようになるさ」と、のんきに構えていたところがありました。でも、さすがにいつまで経っても評価されないと、焦りも感じるし不安も覚えるようになる。周囲からの評価が得られなければ、やりがいも喜びも自信も生まれません。

そうした〝現実〟に直面するのが、おそらく20代後半から30代前半なのでしょう。世の中がわかってきて、夢や目標を修正したり、自身の考えややり方を変える必要性に迫られることになる。

そう考えたら、20代というのはまだまだ迷ったり、つまずいたり、紆余曲折していい時期だと言えますよね。

まあ極論を言えば——僕の真似をそこまでする必要はありませんが——33、34歳くらいまでは、いくら失敗してもいいし、叱られてもいい。それまでに未来への道筋が見えてくればそれでよし、と。

君の先輩にもいましたし、**何より僕の姿を見れば、20代は転んだり、勘違いしたり、間違えたりしても大丈夫なんだと思ってもらえる**のではないでしょうか。

「鬱屈」について

心のモヤモヤを吹き飛ばすには、
とにかく目の前の課題に粘り強く取り組み、
成果を挙げ自信をつけること。
安易に転職したところで自信がない限り、
重苦しい気分が晴れ渡ることはない――

Depression

20代のうちは失敗しても、迷ってもかまわない。しかし、そう言われても、うまくいかなければ落ち込むし、いったん落ち込んだら容易に立ち直れないこともあるでしょう。

この〝自己卑下《じこひげ》〟のようなモヤモヤした気持ちと、どう向き合えばいいのか。君は今、そんな思いも抱えているということでしたね。

その悩み、僕もよくわかります。心が重苦しく、嫌なことから気持ちを切り替えられない状態は本当にツラくてきつい。

「自信家でポジティブな先生にはわからないよ」と言われそうですが、そんなことはありません。僕にも鬱々とした状態から逃れようと、もがいた時期がありました。

前に書いたように、院生時代の僕はマイペースで恐れ知らずで傲慢なところもありましたが、内心は不安や葛藤だらけでした。社会に出て働いているでもなし、論文が評判になるわけでもなし。

いつかは世に認められるはずだという気持ちはあったものの、「一体なぜ、自分の研究を誰も評価しないのか？」という、いらだちに苛《さいな》まれていました。

そのうえ僕は、大学院生を10年も続けた挙げ句、結局、満期退学になってしまいました。**社会との接点もほとんどないまま、大学にも居場所がなくなってしまったわけです。これはもう本当にきつかった。**

カフカの『城』という小説を知っていますか？

この小説では、官僚組織のようなものが「城」として村の真ん中に登場します。そこに測量師のKという人が呼ばれるのですが、呼ばれたはずなのに、なかなか城に入れてもらえない。一体、何を取っかかりに城に入ればいいかわからない。不透明な官僚組織のなかになんとか入り込まなければと考えるも、そのアクセスの仕方がわからなくて、ぐるぐる迷ってしまう。

とても不思議な作品なのですが、これは何かわかるなと思いました。

世の中のシステムから外れている人間というのは、そこに入るプロセスがよくわからない。僕の場合も身分が定まらないまま、ぐるぐると回り続けているうちに、とてつもない「不全感」に襲われてしまったわけです。

でも、ある日、そんな僕に救いの手が差し伸べられます。そう、明治大学の教員として採用されたのです。33歳のときのことでした。

公募に申し込んだのは、飲み会で先輩に勧められたのがきっかけです。採用されたのも、とくに何かを評価されてというよりは、本当にたまたまだったと思います。

でも、これが僕にとっては大きな転機になった。**教えるべき学生が目の前にいて、存分にしゃべることができて、教師として成長していけるというその実感は、僕にこのうえない安心感をもたらしてくれた**のです。

自分の社会的身分が明確になり、定期的に働きに行ける場所があって、給料が振り込まれて、というのは、これほどまでに充実するものなのか、と。**僕は33歳になって初めて、組織というものは素晴らしいものだと理解**しました。

実はそれまでは、会社や組織というのは個人の自由を制限するもの、自分を縛るものとしか思っていませんでした。が、どこにも属さない、認めてもらえないという、このうえない不安定さを体験したことで、組織に属し、かつそこにうまくはまって働けるありがたみが身にしみたというわけです。

この経験によって、僕は心の安定を得ることができました。なぜなら教員として採用されたということは、研究してきたことに一定の評価が与えられた、教育者として学生に教えてもいいと認められた、ということを意味するからです。

これは、僕を非常に勇気づけてくれました。生活が安定することももちろんありがたいですが、それ以上に、**社会的に認められて自信を得ることによって、あの心身を蝕《むしば》んでいた不全感をも払拭《ふっしょく》することができた**のです。

もちろん、**他人に認められるために頑張るというのは本末転倒**です

しかしながら、モヤモヤした感情を乗り越え、克服するには、とにかく目の前の課題に粘り強く取り組み、誰かの役に立ったり成果を挙げたりすることで、自信をつけていくというプロセスが不可欠だと思います。

そのためには、自分に与えられた仕事を簡単に放り出すのはご法度《はっと》です。安易に転

職すればどうにかなる、環境が変われば認められるはず、と考えるのも浅薄《せんぱく》です。

努力のフリと要領のよさだけを身につけて、自信をつけないまま仕事を替えても、モヤモヤが解消されることはありません。

就職するということは、社会に居場所を得て、自分らしく生きていく自信をつけるための貴重なチャンスでもあります。

そこを踏まえて、うまくいかないことがあっても容易にあきらめず、君の頑張りが認められる機会を辛抱強く待っていてほしい。

「誰も自分のことを認めてくれない……」と落ち込むときもあるでしょうが、必ず見てくれている人はいますし、縁にもきっとめぐり合えるはずです。

こんな僕でも、10年もかかったけれど、評価されて自分らしく働くことができるようになりましたから。

いや君の場合、認められて自信を持って活躍するのに、間違いなく10年もかからないと思いますよ！

「不満」について

給料、上司の言動、仕事の割り振り、コネ……。
そこかしこに転がっている不満のタネを、
平然とスルーできるかどうかが、
「成長」できる人、できない人の分かれ目となる——

Dissatisfaction

君のモヤモヤの一因は、「ズル賢い同期のせいかもしれない」……ですか。何くれと君に仕事を頼んでは、自分はラクをして手を抜こうとする。上司も上司で、自分にばかり仕事を振ってくる。給料は同じなのに、そんなの理不尽だ、不公平だと。なるほど、**君のそのムカつく気持ち、決して間違ってはいませんよ。**

実際、不公平感というのは、仕事上、問題になることがとても多い。同じ給料をもらっているのに、自分ばかり働かされて、アイツやコイツは働かないと。よく年功序列の恩恵（?）で、「ろくな成果も挙げていないのに高い給料をもらっている上司」が、槍玉《やりだま》に挙がることがありますよね。

でも、**これについては、そうそう不満を持たないほうが賢いというのが僕の考え**です。不満はあるけれど、「まあしょうがないか」というスタンスでいるのがいい。

というのも、労働量や成果で事細かに査定して、給料や職位を決めるというのは、必ずしも現実的とは言えないからです。

大学などでも、しばしば話題に上がります。なぜ、学生が喜ぶような人気の授業をする先生と、不人気の先生が同じ給料なのかと。

そうした指摘はもっともといえばもっともなのですが、これを言い出したらキリがない。あまりシビアにルールを決めすぎると、人気や成果がすべてのような〝働きづらさ〟も生まれかねません。

だから、多少の不公平感はあれど、看過できないほどの大問題が起きていないのであれば、そこは目をつぶって受け入れる。お金のことで不平を述べて人間関係がギスギスするより、「とりあえず今は放置」のほうがメリット大かもしれません。

「不公平だ！」という気持ちを持ち続けたら、自分が疲れてしまうでしょう？

給料の額も大事ですが、そこにこだわりすぎると心が疲弊してしまいます。

働きに対してリターンが少ないということがそれほど気になるのなら、誰かとの比較ではなく、上にきちんと成果を示して交渉するなり、許可をもらって副業するなり、別の稼ぎ方を考えたほうがいいのではないでしょうか。

思うに君の場合、**上司から仕事を振られるのは人望があるということ**ですよ。

ちゃんとやってくれるから安心して任せられる、人柄的にも頼みやすい。君にしてみれば、「自分ばかりあれこれやらされて不公平だ！」と感じるでしょうが、それは上からの高評価、と捉えることもできなくはないのでは？

「水が低きに流れるように」とでもいうのでしょうか。腰が低くて、頼みやすくて、という人のもとには、自《おの》ずと仕事が流れてくる。これに加えて能力が高かったら、もうジャンジャン流れ込んでくるということになるわけです。

僕も経験があります。たとえばメンバー5人の委員会を作るとします。その際、数十人のなかからメンバーを選ぶとなると、どうしても声をかけやすい人に頼むことになる。気持ちよく引き受けてくれるから、ストレスなく物事が進んで効率がいい。そういう人は大体決まっているので、どうしても、同じ人にお声がかかることになります。

もちろん、**いろいろ任せられるのは大変といえば大変です。けれども、それは人間性や仕事力を認められてのことでもあるのですから、そこに不満を持たないほうが、あとあと得**だと僕は思うのです。

あるいは、活躍の機会が不平等だとか、一部の人だけ特別扱いをされている、といったこともよく取りざたされます。

「彼は部長の大学の後輩だから、とくに目をかけてもらっている」「出世が早いのは専務の遠戚だからだ」といったように……。

こういう特別扱いやひいきを目の当たりにすると、世の中はアンフェアだと文句のひとつも言いたくなりますよね。

僕も身に覚えがあります。自分とあまり立場は変わらないのに、何がしかの恩恵を得て活躍している人を見ると、「チャンスさえあれば、自分だって脚光を浴びたかもしれないのに」と不満に思ったことも、一度や二度ではありません。

もちろん、だからといってその人が失敗すればいい、引きずり下ろしてやりたいとまでは考えませんが、ある種の嫉妬心を感じて、内心ジリジリしたものです。

でも、**ジリジリしたところで自分にいいことが起こるわけでもなし**。「チャンスやコネのある人は得ですなあ」とやり過ごすことも、ときには必要なのだと思います。

ただし、組織や社会内での不公平感が強すぎて、みんなが無気力になってしまう、努力もしたくなくなってしまうような状況は、避けなければなりません。

たとえば、プロスポーツの世界はフェアですよね。親もスポーツ選手だったから、ある程度能力を受け継いでいる、あるいは、競技環境が整っている地域で育ったなど、助走段階でのアドバンテージはあるかもしれません。

ですが、いかに力を発揮し、結果が得られるかは本人の努力次第。だからこそ見応えがあって、みな魅了されるのではないでしょうか。

仕事についても、僕は同じことが言えると思う。

コネのある人は意見が通りやすいとか出世に有利だとか、そういった〝特殊事情〟もないことはないでしょうが、結局、最後にものを言うのは、その人が努力して培《つちか》った実力。

だから**不公平感に過度にとらわれすぎず、回ってくる仕事は淡々と引き受けていく。**

それが今の君の「成長」にとって一番効くと思いますよ。

「妥協」について

社会で生きていく限り、
「理不尽」は避けて通れないし、
自分の思い通りにいかないからこそ、
いかに「よりマシな妥協」を求めるかという
心構えを早いうちに持つべきである――

Compromise

「不満」との付き合い方について、もうひとつ君に伝えたいことがあります。

まさに今、君も悩んでいるように、社会に出ると、理不尽さ、不公平さに否応なく直面させられます。

新たな仕事を振られたので残業したら「残業するな」と怒られたり、散々書類を書かせておきながら「やっぱりそれ、いらなくなったわ」と言われたり。どう考えても自分が正しいのに言い分が通らない、などということも少なくないはずです。

でも、これはもうどうしようもない。**社会で生きていく限り「理不尽」は避けては通れない。無論、程度問題ではありますが、自分の思い通りにいかないのが普通**だと思っておいたほうがいいと僕は考えています。

「まあ不本意だが仕方がない」「そういうこともあるだろう」と、折り合いをつけるほうが賢明な場合も多々あるのが現実なのです。


こんなことを書くと、君はゲンナリするでしょうかね。「思い通りにいかないのが普通」だなんて言われたら、努力する気も失《う》せてしまうかもしれないよね。

でも、僕も社会に出てから、この手の理不尽をたくさん経験しました。たとえば、誌面のリニューアルを理由に雑誌の連載が一方的に打ち切りになったとか。

そのとき僕は、突然打ち切りを言い渡されたショックから、あと数回連載が残っていたにもかかわらず、「そういうことなら、もう来月から連載はやめさせていただきます。信頼関係もないようですし」と連載の中断を申し出てしまいました。

今にして思えば、連載打ち切りなどよくあることなのですが、当時の僕は納得がいかず、少し投げやりな態度で接してしまった。慣れていなかったこともあって、「まあしょうがない、そういうこともあるよな」とは思えなかったわけですね。

でも、しばらくするうちに、これは本来、折り合いをつけざるを得ないことだったと思うようになりました。編集者も業務の一環として打ち切りを告げただけであって、何も悪意があってしたわけではない。

それに、物事には始まりがあれば必ず終わりがある。自分の連載も、誰かの連載の終わりを受けて始まったのだから、次の人にバトンを渡すのは当然のこと。

「諸行無常《しょぎょうむじょう》 盛者必衰《じょうしゃひっすい》」ではないけれど、そうした理不尽や不条理も〝自然の摂理〟と同じだと考えたのです。その後は「打ち切られ慣れ」して今に至ります。

以来、僕は多少思い通りにいかないことがあっても、あまり気にしなくなりました。テレビの仕事で自分の登場部分がカットされていても、「まあ、ギャラは支払われているのだからよしとするか」と、柔軟に受け止めるようになりました。

想像に難《かた》くないと思いますが、テレビの場合はかなり編集しますから、収録したのに実際の放送では使われていないなんてこともザラ。「妥協に次ぐ妥協」のつもりで臨まなければ成り立たない仕事だと言っても過言ではありません。

これらの経験から、僕は**仕事とは「思い通りにやるもの」ではなく「よりマシな妥協を求めるもの」**だと考えるようにさえなりました。いわば「妥協力」を身につけたようなものですね。

もちろん、何の主義主張もなく妥協ありきで取り組むのは考えものですが、**仕事とは多かれ少なかれ人と協力して行なうもの。必ずしも努力が報われるとは限らないと、**

今のうちからひとつ心構えを持っておくのは非常に大切なことだと思います。

それでも、どうにも納得できないという場合は、もしかしたらプライドが邪魔しているのかもしれません。

「なぜ、このオレ様の意見が通らないのか。努力がないがしろにされるのか」と。

正直、僕もそう思いそうになったことがあります。思い通りの状況にならないとき、ついプライドが邪魔して面白くない顔を露骨にしたり、文句を言いたくなってしまう。

そんなとき、僕は自分にこう言うようにしました。

「オマエ、いつからそんなに偉くなったんだ?」

「30代で定職に就けなかったときは、四の五の言わず何でもやったじゃないか。仕事があるだけでもありがたいと思っていたんじゃなかったのか?」

くすぶっていた20代の経験から、これだけは言えますが、**余計なプライドは百害あって一利なし**です。明らかに侮辱《ぶじょく》されているような場合は別ですが、そうでなければ、プライドは〝更地《さらち》〟にしておいたほうがずっと得です。

そのほうが周囲の状況に応じて折り合いをつけられる柔軟性が生まれ、人との縁もできやすく、存在を認めてもらいやすくもなります。

ちなみに、折り合いをつける力や妥協力を身につけるというのは、特段難しいことではありません。よく考えれば、君も日々普通に鍛《きた》えているはずです。

たとえば、何か買い物をするとき。欲しいものの値段を見比べて、「こんなに高い値段は出せないから、こっちで手を打つか」とか、「高いけれど、これくらいは仕方ないか」といったように、常に折り合いをつけたり、妥協したりしているでしょう。

頑固を貫き通して何も買わない、あるいは、気に入ったものならどんなに高くても絶対に買うといったようなバカげた真似はしないはず。

仕事もこれと同じで、常に〝理想形〟が手に入るわけがないと、妥協ベースで考える。このように思考回路を変えてみると、不公平や理不尽に感じていた物事への捉え方が、少しずつ違ってくるはずです。

「利他」について

「人のために動く」というのは、
誰にもできることではない。
だからこそ、お金や自己満足ではなく
社会への貢献を目標に働くと、
自分自身の能力は飛躍的に高まる――

Unselfishness

僕は今でも常々《つねづね》思うのですが、「仕事」というものは思うほど簡単じゃない。60代半ばという年齢になって、ますますそう痛感しています。

たとえば、酔っ払いが吐いたせいで駅のホームが汚れていることがありますよね。僕らは、みんな「汚いなあ」と通り過ぎるだけですが、駅員さんは片づけなければならない。汚いから近寄りたくない、というわけにはいきません。

あるいは、電車が遅延した場合、自分のせいでないにもかかわらず、問い詰めてくるお客さんに対して謝らなければならない。

こういうシーンを思い浮かべるだけでも、僕は仕事というものは甘くないと、駅員さんたちに頭を下げたくなってしまうのです。

思うに駅員さんたちは、おそらく電車の仕事が好きで就職したのであって、清掃をしたくて、客に頭を下げたくて、入社したわけではありませんよね。不測の事態に懸《けん》命《めい》に対処しているのに、文句を言われたり怒鳴られたり……。とくに新人の場合は、「これも仕事のうちだ」と素直に受け入れることは、なかなか難しいでしょう。

でも、みなさん、それも駅員の仕事のひとつだと受け止めて、職務に励んでいる。本来の仕事とかけ離れているように見えることも、粛々《しゅくしゅく》とこなしている。

もちろん、昨今問題になっている乗客の暴言や暴力は見過ごすわけにはいきませんが、どんな状況にも全力で対応する駅員さんの姿を見るたびに、**仕事というのは「誰でもやればできる」というような簡単なものではない**、と思うわけです。

よく「自分もやればできる」と言う人がいますよね。たしかに、想定外の掃除にしろ、理不尽な謝罪にしろ、行為そのものはやればできるでしょう。

でも、それを責任感を持って遂行できるかと言われたら、おそらくできない。だとしたら、それを「自分もやればできる」とは言えません。**「どんな仕事でもやればできる」と豪語する人は仕事というものをなめてかかっている**と思うのです。

そうしたことを、われながら痛感した出来事があります。さかのぼること50年以上前、小学校時代の児童会会長選挙のときでした。

僕が通っていた小学校はマンモス校で、1000名以上の児童がいました。当時から人前でしゃべることが得意だった僕は、意気揚々《いきようよう》と会長に立候補。全校児童の前で得意げに抱負を述べただけでなく、演壇に上がる際にわざとコケて笑いを取ったりと、それはそれは目立つことに余念《よねん》がありませんでした。

「しゃべりも完璧だし笑いも取ったし、これで会長は僕に決まりだな」

本気でそう思っていたのです。

ところが、フタを開けてみると、当選したのは同級生のヤマダ君でした。

接戦の末敗れた僕は副会長。「なんで僕が負けたのだろう」「副会長だなんて……」としばらく不本意な思いを抱えていましたが、あるときふと、その理由であろう出来事に思い至ったのです。

あれはまだ低学年の頃、ある同級生が具合が悪くなり、教室で戻してしまいました。**僕は「気持ち悪いなあ」と遠巻きに見ていただけ。ところが、そんな僕を尻目に、すぐさまバケツに水を汲《く》み、ぞうきんを持ってきて、汚れた床を率先して片づけた人がいたのです。それがヤマダ君**でした。

この一件を思い出したとき、僕は幼心《おさなごころ》に「これはヤマダ君にかなうはずがない」と気づきました。**汚いのなんのと気にせず、すぐに人のために行動できる人間と、目立つためにコケる練習をしていた人間と、一体どちらがリーダーにふさわしいかといったら、これはもう答えは明白**です。

以来僕は、理解しました。

人のために働くというのは、誰にもできることじゃない。できもしないことを「自分だってやればできる」なんて言うもんじゃないと。

僕はこの経験から、自分にできないことができる人に対するリスペクトというものを学んだのです。

こんな背景もあったせいでしょう。僕は仕事に対する価値観として、収入がいいとか社会的地位が高いとか、そういったこととは別の尺度があると考えています。

高収入でなくとも、世の中には価値ある仕事がある。世間的に評価はされなくても、人々を陰ながら支える高潔な職業がある。そうした観点を持っていると、お金やモノに縛られなくなり、多様な視点や広い視野でものを見たり、目の前の仕事に気概を持って取り組むことができるのではないでしょうか。

昨今SNSには、ラクして儲けるとか、誰の見た目がいいとか、単純な価値観に基づく情報ばかりがあふれていますよね。

それがくだらないことだとは言いませんが、みなそうした〝表面〟に縛られすぎていて、息苦しい思いをしているのではないか。社会問題になっている高額の報酬をうたう「闇バイト」などは、その端的な実例のように思えてなりません。

本来、仕事というものは甘くない。ラクして儲けられる仕事はない。

そもそも儲けられる仕事＝価値ある仕事では必ずしもない。

何の職業にしても、社会的に意味のある仕事をして、その結果、お金が入ってくるということのほうが、お金儲けそれ自体を目的とするよりも、やりがいも増して、自分自身の能力もグンと高まると強く考えます。

もちろん個人的なやりがいも大事ですが、パブリックなやりがい、そういうものがあったほうがメンタル的にも強く、楽しく働けるのではないでしょうか。

Organization

Role

Adjustment

Confirmation

第3章

「組織」という〝迷宮〟で自分を見失いかけている君へ

「組織」について

組織で働いていると、
自分が単なる〝コマ〟にすぎないと感じるだろう。
その原因は実は組織自体ではなく、
「自分が、自分が」という
狭い視点にとらわれた自分自身にある――

Organization

君が所属している部署の課長が、突然、辞めてしまったそうですね。そのせいで業務指示があいまいになったり、これまでのやり方がガラリと変わったり、非常に困惑しているとのこと。必死に覚えたこと、懸命に積み重ねてきたものがムダになったと嘆きたくなる君の気持ち、とてもよくわかります。

上で何がしかの変化が起きると、そのしわ寄せを下が受けることになる。まじめにコツコツやってきたことも、上の考えや見方ひとつでひっくり返ってしまうこともある。不満に思っても、「決定だから」と言われれば逆らうこともできない……。

組織で働いていると、自分が単なる〝コマ〟でしかないような、命令されて動くだけの機械のような、そんな無気力さを感じてしまうことも間々《まま》あるでしょう。

でも、それはあくまで組織というものの一面にすぎない、と僕は思います。少しきつい言い方になりますが、**「自分が、自分が」でものを見ようとすると、コマでしかない、歯車でしかないと、そういう考え方になってしまう**ということですね。

では、コマでしかないといった無気力さを感じたら、どうすればいいのか。

そんなときは、**組織やシステムそのものに目をやるのをいったんやめて、ともかく目の前の仕事、与えられた役割に集中することが大事**だと思います。

会社がどうの、課長がどうのと、自分がどうにもできないことには首を突っ込まず、個人として果たすべき役割は何かを、しっかりと考えるのです。

たとえば、スポーツで考えてみましょう。

君がサッカーチームの選手だとして、監督の采配にあれこれ文句を言いますか？　与えられたポジションに対して、不平や疑問をぶつけたりしますか？

おそらく、そんなことはしませんよね。**監督が代わろうが戦略が変わろうが、とにかく求められた役割を果たすべく、ひたすら練習する**でしょう。

仕事というのもこれと一緒。上の事情はひとまず置いて、与えられた役割に対し、その都度全力を尽くすことが大事なのです。

時折ニュースになるように、なかには監督の領域にまで入り込んで意見する選手もいます。チームを強くするために、よかれと思って意見するのかもしれませんが、それは監督と個人的に距離が近く、コミュニケーションができているなど、特別な関係性がある場合だけではないでしょうか。

そうでない選手たちまでが、言いたいことを言い、やりたいことをやっていたら、チームの秩序がズタズタに乱れてしまう。そうなったら、とてもじゃないですが勝利など目指せません。

チームが勝つには、個人の能力も大切ですが、何より組織が強くならなければなりません。そのためには、上から下へ指示を出す〝命令系統〟が非常に重要です。

命令系統というのは、ただ単に誰が指示を出すのかということだけでなく、誰が責任を取るのかという、決断と責任双方のメカニズムのこと。仕事でもスポーツでも、組織というものは基本、この命令系統が「命」なのです。

ミスやクレームが生じた場合、上司が責任を負って対処するのが通常の組織のシステムです。

まあ、なかには適切な対処をしてくれない上司もいるでしょうが、それでも部下にすべてを押しつけて、何の手も打たない人はいないはず。叱りつけることはあるにしても、最終的にはカバーしてくれます。なぜなら、**ミスの処理も含めた部下の管理は上司の職務、そして上司の責任**だからです。

つまり、組織に所属し、上意下達《じょういかたつ》の命令系統のなかで仕事をするということは、同時にミスをしてしまってもカバーしてもらえる、いざというときフォローしてもらえる、ということでもあるのです。

先ほど例に挙げたサッカーなどは、まさにそうですよね。

ボールを奪われても、別の人が奪い返そうと動く。1点取られてしまっても、みんなが2点を取り返そうと力を合わせる。

「自分はゴールキーパーだから、点を取ることなんて知ったこっちゃないよ」

「ボールを奪われたのは君なんだから、自分で取り返しなよ」

こう言う選手はいませんよね。みんな進んでカバーしようとするはずです。

2020年東京オリンピック招致委員を務め、当時ミズノの会長だった水野正人《みずのまさと》さんと話をした際、「チームでは何が一番大事ですか」と尋ねたことがあります。

すると水野さんいわく、「それはカバーです」と。

「たとえば野球の場合、三遊間に飛んだゴロをショートがキャッチしファーストに投げる。同時に、必ずほかの選手がファーストの後ろに回ってカバーに入る。これが素晴らしい。これがないとゲームにならない。野球というのはすべてカバーなんです」

水野さんはそう言っていたのです。

人がミスをすることは十分ある。いや、むしろそれは起きて当たり前。だからエラーが起きることを前提として動く。カバーがいるからこそ、安心して全力でプレイできる。つまり、**「カバーこそがチームワーク」**というわけです。

スポーツ雑誌でこんな記事を読んだこともあります。

中日ドラゴンズに荒木雅博《あらきまさひろ》選手という名セカンドがいました。チームメイトがその荒木選手を賞するに、「いつも全力疾走でカバーに行っていた」「あの全力疾走がすごい」と。

実際には20回に1回ぐらいしかミスは起きないのだけれど、彼は万一に備えて常に

全力疾走を怠らずカバーに行っていたわけです。

荒木選手はチームというものを、組織というものを非常によく理解していたということですね。

実は僕ら教員のあいだでも、同じことを心がけるようにしています。

たとえば、トラブルが発生したら、そのことを直接関係がない人も含め、全員にメールで伝達。必要な場合は、教員だけでなく事務方にも連絡を回す。そうすると、誰かが応えてくれるのです。

「自分はこの経験があるので、この件はこうやりましょう」「それならみんなでこういう作戦でやりましょう」と。

このように、即座にトラブル対策チームを結成して、「処理をする人」「手続きをする人」「謝る人」といった役割分担をする。**誰のせいだ、何が悪いのと文句を言う前に、それぞれが問題解決のため主体的に役割を果たす。**

僕ら教員も――個人プレイに走りがちな人たちばかりに見えますが――そういった

ことが瞬時にできるチームを常に目指して、大学組織にいるんですよ。

どうでしょう？

こうして考えてみると、組織のデメリットばかりでなく、メリットも見えてきませんか。「組織」というとガチガチの嫌なイメージしか浮かばないかもしれませんが、「チーム」と考えると、案外居心地がいい場所だと思えてきませんか。

大切なのは、組織を「チーム」と置き換えたときに、自分はどれだけ動けているか、どれだけカバーできているか、ということ。

会社、組織に入ったからには、与えられた役割を果たすのは当然です。そのうえで、ほかにできることはないか、誰かのカバーに回れないか、考えてみる。

組織で働いていると、突然の指示や「朝令暮改《ちょうれいぼかい》」にウンザリすることも多いと思います。そんなときは自分の役割を果たしつつ、同僚と互いにカバーし合う。

そして仕事が一段落したあとで、「まったく困っちゃうよなあ」「勘弁してくれよなあ」と、仲間内で食事でもして、笑い飛ばしてしまえばいいのです。

「役割」について

普段はもとより、ミスをしたときも
テンション高めに振る舞うのが若手の役割。
それだけで経験不足を補え、仕事の幅も広がる。
このことを大半の人は知らないからこそ、
そこに勝機がある——

Role

先輩から引き継いで作成していたデータを、誤って消去してしまった。なかなか言い出せずにいたら、先輩にバレて叱られてしまった。一から作り直すという事態になって、みんなに迷惑をかけてしまった。

そのせいでシュンとなって落ち込んでいたら、挨拶もしづらくなって、なんだか出社するのもしんどい……。

うーんなるほど。それはたしかにしんどそうですね。

でも、そういうミスは、とりわけ新人にはよくあることです。猛省しなければならないのはたしかだし、二度と同じミスをしないよう慎重にならなければなりませんが、だからといって**挨拶もせず、いつまでも落ち込んでいる様子を見せ続けるのは、まったくもって得策ではありません。**

何事もなかったようにケロッとするのもどうかと思いますが、そこは切り替えて、いつものように、きちんと挨拶をして自然体で仕事に向き合えるよう、自分で自分の気持ちをゆっくりでもいいので、立て直していきましょう。

僕は以前の手紙で「今は目立とうとなんかしなくてもよし」と書きました。

ただ、元気に声を張って「おはようございます」「お疲れさまです」と挨拶するのは、実はとても大事なこと。覇気がなく、いつも下を向いているような態度は控えるべきだと思います。

というのも、**明るく元気でいることは——もちろん、ベテランも明るいに越したことはありませんが——新人をはじめとする若手社員の役割のひとつ**。つまり、**経験値が不足している分を、せめて元気さでカバーしようねということ**でもあります。

それに、社内ならまだ「落ち込みやすい性格だから」で済むかもしれませんが、社外の人と会うとなったら、そうもいきません。

営業職でなくとも、誰かと打ち合わせなどをするとき、どよーんとして生気がなかったら「この人、なんで不機嫌なのかな?」「きちんと仕事ができるのかしら?」と、相手を不安にさせてしまいますよね。

だから、**人と会うときはややテンション高めで振る舞うべき**。とくに若い頃は、いつもの倍くらいのテンションを心がけていく感じで、ちょうどいいと思います。

もちろん、今の20代の人たちは、おしなべてテンションが低いのも知っています。教職に就いて、何十年にもわたり多くの大学生と接してきましたが、年々テンションが低く、反応も薄くなっている気がします。

みんなそうだから、君もそれが普通だと思っているかもしれません。でも、僕から見たら、それは普通じゃない。明らかにテンションが低すぎと断言できます。

僕は、授業でも「もっと大きな声で」「拍手をするときは、しっかり拍手をしよう」と、口を酸っぱくして伝えてきました。

君たちからしたら「うっとうしい」「暑苦しいなあ」と感じていたかもしれませんが、これはみんなにもっと元気に、テンション高く振る舞うことを覚えてほしかったから。

“テンション高め”がひとたび習慣になれば、プライベートでも仕事でも、人付き合いにおける大きなアドバンテージを得られるのです。

思うに、みんな人前でどう振る舞えばいいのかがよくわからないのでしょう。そんなことは、家でも学校でも誰も教えてくれないですから。

授業中に講義も聴かずに突っ伏してしまうのも、堂々とスマホを見てしまうのも、たぶんそういうことをしてはいけないと知らないからなのだと思います。

君も覚えていると思いますが、そんな学生がいる場合、僕は全体に対して「伏せないでね」「授業中はスマホを見てはダメだよ」と声をかけていたでしょう？

大人からすると当たり前のことなのですが、その当たり前のことができていない人もいる。ならば講義の場で伝えなければ、と。**僕は感情的な理由で注意していたのではなく、社会人デビューに備えて伝えていた**のです。

他愛《たあい》もないことに思えるかもしれませんが、**スマホなんか見ずに人の目を見て話をちゃんと聞いて、きちんとリアクションをするというのは、もうそれだけで好印象。周囲から認められ、取り立ててもらえるチャンスも必然的に増える**のです。

「テンション高く」というのは、別に「舞い上がれ」ということではありません。周りの状況を把握し、次を予測して動くということです。

簡単に言えば、ボーッとしないということ。いろいろな場所で若い人がボーッとしているのを目にしてしまうのです。

彼らは僕の部下でも教え子でもありませんから、注意したり、説教したりなどということはしませんが、正直見ていて心配になります。

前回の手紙で説明した「チームで動く」ということをわかっているのかな？

今、この場でどう振る舞うべきか、もう少し考えたほうがいいのではないかな？

そういうことをもっと考えたほうが得なのになあ、とさえ感じます。

とにかく、**「テンションが高くいるのも組織における若手の役割」**と理屈抜きに心得て、ぜひ君には、できる限り「明るく挨拶」「元気にリアクション」を心がけてほしい。

相手の機嫌ばかりうかがう「太鼓持ち」になれとまでは言いませんが、現場を明るく、活気づけられる人を目指してほしいと思います。

その役目をしっかり果たそうとする気持ちが感じられるからこそ、多少ポカをしても、先輩たちはフォローしてあげようと思ってくれるのですから。

「修正」について

ミスは誰でもする。
ただし、古くは『論語』でも問われたように、
ミスをすることが問題なのではなく、
指摘されたミスをすぐに修正できないことこそが
問題なのだ――

Adjustment

「テンションは高めに」と君への手紙で書きましたが、これとあわせて大事なのが、**「言われたことはすぐ修正をする」**ということです。

「もう少しテンションを上げよう」「声を大きくね」「それ、もう少し大きく書いてよ」などと上司に言われたら――居酒屋ではありませんが――「はい、喜んで！」の心持ちで、即修正する姿勢を心がけましょう。

孔子《こうし》の言葉を集めた古代中国の有名な『論語』に、**「過《あやま》ちて改めざる、これを過ちという」**とあります。

これは「間違えたあと、間違いを直さないことこそが過ちだ」という意味です。間違いを修正せず、二度やるのが本当の過ちだというわけですね。

また同じく『論語』には、**「過ちては改むるにはばかることなかれ」**という言葉も登場します。

すなわち、「気がついたらすぐに直しなさい」「さっさと修正すれば大丈夫」ということ。**いずれの言葉も、ミスそのものが問題なのではなく、修正力がないのが問題だ**

と教えているわけです。

しかし、これは簡単そうに見えて、案外難しいかもしれません。

たとえば、指示に従って直す気はあっても、相手の求めるレベルになかなか達しなければ、「修正しろと言ったのにしていないじゃないか」と言われてしまう。

要するにさじ加減が難しいということですが、こういう場合は、**ちょっとやそっとではなく、むしろやりすぎだろうと言われるくらいオーバーアクション、ハイテンションで修正するのがいい**かもしれません。

というのも、やりすぎてしまったとしても、相手の指示を受けて修正したということさえ伝われば、「この人は修正ができる人間なんだ。見込みがあるな」と思ってもらえます。「あなた、大げさすぎでしょ」と笑われるかもしれませんが、伝わらないよりはずっとマシです。

ですから、**せっかく修正したのに伝わらない、しかも、伝わらないせいで修正も満足にできない人間だと思われて損をしたなどということがないよう、何か指示を受け**

た際はオーバー気味に、明らかに修正したとわかる返しを心がけたいものです。

これについて、僕自身、次のような経験をしました。

あるバラエティ番組の収録で、誰もが知るベテランの俳優さんとご一緒したときのこと。僕から見たら、その俳優さんのリアクションは完璧だったのですが、ディレクターはNGを出します。「もっとオーバーリアクションで」「ハイテンションでお願いします」と言うのです。

その指示を受けて、俳優さんは「わかりました」とテンションを修正しました。より明るく元気な雰囲気になっていて、これはもうOKだろうと思ったのですが、なんとディレクターは再度やり直しを要求したのです。

〈さっきのリアクションのどこが悪いのだろう。これ以上やり直しをして、俳優さんの機嫌を損ね、場の雰囲気が悪くなったらイヤだなあ……〉

僕は内心ヒヤヒヤしながらやりとりを見ていたのですが、そんな僕の心配をよそに、ディレクターは淡々と指示を出し、俳優さんのほうも応じます。

そして3テイク目は、最初よりはるかにハイテンションで、ディレクターは「そう、それです！」と喜んでOKを出しました。僕は、「一度目だってよかったんだから、3回もやらせることはないじゃないか」と思っていたのですが……。

ところが、いざVTRを見てみると、いや、たしかにファーストテイクより3テイク目のほうがいい。

僕はこのとき、**ひるまず修正の指示を出したディレクターのプロ根性もさることながら、それ以上に、その場でさっとテンションを修正してみせた俳優さんがすごい、**と思いました。

微妙な違いを指摘されて、即座にその通りに修正できる人なんて、どれほどいるでしょうか。なかなか求められる通りに修正できず、何度もテイクを重ねたり、「もういいでしょ？」と突っぱねてしまう人のほうが多いのではないでしょうか。

しかも、その俳優さんは誰もが知るベテランです。ドラマでも映画でもない、言ってみれば主戦場ではないバラエティ番組で、やり直しを求められるのを面白くないと感じてもおかしくありません。

でも、**彼は文句ひとつ言わず、求めに応えてみせた。「なぜ、やり直すんだ!」とも「オレの演技にケチをつけるのか?」とも言わず、「はい、喜んで」と言わんばかりに笑顔でやり直したの**です。

ああさすが、プロだからこそ、ベテランだからこそ、自分の役割を心得て、若手をも凌駕《りょうが》するようなハイテンションのリアクションを見せたのかと、僕は頭の下がる思いがしました。

もちろんジャンルが違いますが、**ベテランですらここまでやる。ならば君は、修正を指示されたなら、相手にわかるようオーバーに、すぐさま直してみせること。前の手紙の「テンション高く」とあわせて、「テンション」「修正」とセットで覚えておいてほしい**と思います。

もっというと、この「テンション」と「修正」プラス、もうひとつ「確認」ということが大事なのですが、これまた少し長くなりますので、それは、また次の返事をいただいたあとのお楽しみ、ということにしておきましょう。

「確認」について

名前、社名、アドレス……。
人は、間違えるはずがないと思うものほど間違える。
だからこそ、確認をとるのは基本中の基本であり、
それなくして仕事は成り立たないと言っても
過言ではない――

Confirmation

前回から間を置かずに、返事を送ってくれましたね。まさに、君のテンションが伝わってきてうれしく思いますよ。

では、「テンション」「修正」については十分理解してくれたものとして、今回はもうひとつ、ぜひとも知っておいてほしい「確認」についてです。

勘のいい君なら想像はつくと思いますが、3つのなかで最も重要なのが以前の手紙でも少し触れた「確認」です。**確認をとるのは仕事の基本中の基本。これなくして仕事は成り立たないと言ってもいいくらい、確認というのは欠かせないもの**なのです。

にもかかわらず、案外みんな確認をしません。「これでいいだろう」と自己流で、ざっくりと進めてしまう。とても不思議なのですが、新人でなくとも確認せずにやってしまう人のなんと多いことか。確認を怠ることに悩まされている上司は、本当に多いのではないでしょうか。

一体なぜ、みな確認を怠るのでしょうね？

上司に聞くのが面倒くさいのでしょうか。それとも「こんなことくらい自分で考えてやれ」と叱られてしまうと思うのでしょうか。

だとしたら、それは大きな誤解です。**上司からすれば、確認もせずに進められるよりは、いちいち確かめにくるほうがずっとマシ。間違ったやり方で仕上げてしまってやり直しとなるほうが、よほど腹が立つ**ものです。

だからまず新人のうちは、とにもかくにも確認をとる。細かいことでも何でも、そんなことまで聞くなよと言われそうなことでも、不安に感じたら即「これでいいですか」と確認する習慣をつけましょう。

こうした心がけだけでも、かなりのミスや仕事の非効率を防げるはずです。

仕事のやり方以外にも、メールの宛て先、電話番号などの数字、名前や地名をはじめとする固有名詞の誤字脱字など、初歩的なものについてもしっかりと確認しなければなりません。**間違えるはずがないと思うものほど間違える**ものだと考え、必ず読み返すようにしてください。

たとえば、取引先や顧客の名前。これ、間違えるわけがないと思いますね。ところが、結構間違えます。実際僕も、間違えられたことが何度かあります。僕宛てに送られたメールなのに、名前が「齋藤」ではなく別の方の名前が書かれている。おそらく、その方に送ったメールの文面をコピペして使って、名前のところを修正しないまま送ってしまったのでしょう。

僕は別に気にしませんでしたが、人によっては激怒するかもしれません。ライバル会社と社名を間違えたなどとくれば、上司が先方に謝罪に行かなければならないこともあるでしょう。もちろん、個人情報にかかわることも取り返しのつかないトラブルにつながりかねないので、十分注意しなければなりません。

ちなみに、**こういうミスは「音読」によって軽減できます。つぶやくように声に出して文面を読むと、目で見て確認するだけよりも注意を払うことができる**のです。

これは簡単ですし非常におすすめ。作成した資料に表現ミスや誤記がないかを確認する際も、ぜひ試してみてください。

ミスがないか確認することについて、実は僕はかなり得意です。たくさん本を読んだり、原稿を書いたりということを繰り返しているうちに身についたのでしょう。**その秘訣は「絶対にミスはある！」という気持ちで見ること。「ミスがあるかもしれない」ではなく「必ずミスがある」と意識する**のです。

不思議なもので、そういう意識でチェックしていると、必ずと言っていいほどミスに気づきます。

しかも、文字のミスだけに限りません。なくしたものなども、「ここにあるはずだ！」と思って探すと「あ、ここにあった!!」となることが多い。これも「ここにあるんじゃないかなぁ」程度では見つかりません。**「絶対にある」と思って探すと、脳はそのように働いて探し当てる**のです。

ですから、ミスがないか確認をする際は、「ミスは絶対にある」という心構えで確認を。重要な案件の場合は、一度ならず二度、三度と、繰り返し目を通すことを心がけましょう。

僕は以前、仕事をご一緒したある人と、非常に文字量が多く、難しい語彙《ごい》満載のメールを何度もやりとりしました。その人のメールは、それはもうお見事なくらいミスがない。しかも20年間にわたり。

一体なぜかと尋ねたら、「メールを送る前に二度も三度も読みますから」と言っていました。**基本的なことですが、やはり万全を期すのなら何度も読み返さなければならない**わけですね。

ということで、前回、前々回の話をまとめまして、君のような新人に送る言葉は「テンション」「修正」「確認」。**3つまとめて「テン（テンション）・シュ（修正）・カク（確認）＝天守閣」と覚えておいてください。**

以前、手紙でも書いたように報告・連絡・相談の「ホウレンソウ」が大事だと言われますが、同時に「天守閣」も思い出すようにしましょう。これをマスターすれば、新人のなかでも一歩抜きん出ること間違いなし。「目指せ天守閣！」ですよ。

僕は、この「天守閣」を歴代の君の先輩たちにも伝えてきましたが、実際、「天守閣を意識したら、仕事がすごいうまくいきました！」という声が続々と届いています。

早速職場で実践してみてくださいね。

Relationship

Evaluation

Obsession

Buddy

Friendship

Marriage

Selection

第4章

「人間関係」という〝城壁〟の前で足がすくんでいる君へ

「関係」について

組織には気の合わない人間は必ずいる。
だが残念ながら、人付き合いより
タイパ、自分時間を優先している限り、
かけがえのない人生の豊かさが
手に入ることは永遠にない――

Relationship

これまでの手紙に書いたことを折に触れて実行したところ、徐々に余計なミスが減って、上司に褒められることが多くなってきたとのこと。それは本当によかった。君の上司も、君の能力をきちんと見抜ける人のようで、僕も一安心です。

ただ、その上司が、まるで昭和の熱血漢でグイグイくるということですよね。面倒見もよく人柄も悪くはないけれど、終業時間後や休日にまで仕事のことで連絡をしてくるのにはまいってしまう、と。

なるほど。たしかに、休みの日にまで仕事の連絡があるというのは、ちょっと考えものですね。それでは、心の休まる時間がなくなってしまいますから。

何より、休日だろうとおかまいなしに連絡して仕事を強要するのはアウトです。

たとえメール等を送ったとしても、「休み明けに対応すればよし」というのであれば、まだマシかもしれません。しかし、急なトラブルでもないのに今すぐ返信を求めたりなどというのは、昨今の常識からすればハラスメントそのもの。

そういう状況が続くのであれば、人事に相談をするなど何らか手を打つ必要があるでしょう。ただ、今回の雰囲気から察するに、上司は君の成長に気をよくして、つい連絡をしてしまっているように感じられなくもありません。

「返信してくれるのだから、それほど迷惑でもないのだろう」と思いメールを送ってしまっている可能性もあります。ですから、「お休みの日はお返事できないこともあるかもしれませんが……」というように、あまり角が立たないような言い方で、上司に君の気持ちをそれとなく伝えてみるのも手かと思いますよ。

そもそも、当人は君のことを褒めているのだから、おそらく悪意はないはず。休日に返信がないことにヘソを曲げたり、腹を立てたりということもないのではないかな。だから、**我慢したり、ハラスメントを案じたりする前に、まずはコミュニケーションをとって、お互いの〝真意〟を理解し合うことが大事**かもしれないですね。

ともあれ、休みの時間は自由に使いたい、仕事に邪魔されたくないと考えるのは当然のことです。

その一方で、会社の人となんかこれっぽっちもかかわりたくない、濃い人間関係を作るなんてごめんだと、かたくなに構えてしまうのも、うーん、どうなのでしょうね。最近は「タイパが悪い」と、社外で会社の人間と交流したがらない人も増えています。そんな気持ちもわからないわけではないですが、ただ、**「自分優先主義」もいきすぎてしまうと、かえって損をすることにもなりかねません。**

何しろ僕は飲み会で就職先を得たクチですから、「飲み会には参加しなくてもいい」とは、口が裂けても言えない。もちろん、気が進まないのにムリをして参加する必要はありませんが。

でも、そうした場を通じて築いた人間関係に、何らかのメリット、人生や生活を豊かにしてくれるきっかけがあるかもしれませんよね？

あまりにも自分の生活優先で、そうした出会いをむげにし、関係性を新たに築くことを拒否していると、次第に人間関係が希薄になる。そして、大切なものを逃し、損をしてしまう可能性もあるよ、と言いたいのです。

僕は以前、『星の王子さま』で知られるフランスの作家サン＝テグジュペリの言葉を集めて翻訳し、『サン＝テグジュペリ 星の言葉』（大和書房）という本にまとめました。

そのなかのひとつに、**「本当の贅沢というのは、たったひとつしかない。それは人間関係に恵まれることだ」**という言葉があります。僕は翻訳しながら、「本当にその通りだな」と痛感したものです。

というのも、年齢を重ねていくと、昔からの友だちの顔を思い浮かべつつ、「ああ、学校へ行っておいてよかったな」としみじみと思うことがあります。「友だちという存在がいてよかったな」と。

もちろん、学校へ行かないという選択肢もありです。ただ、それだとなかなか友だちが作りづらい。さらには、友だちだけでなく先生との関係もそうです。

僕には、中学2年生のときの担任だったサトウ先生という恩師がいます。先生は今、伊豆に住んでいて、海で釣った大きな魚を煮て、よく僕に送ってくれます。**それに対して、僕はお礼にビールを送ったりという交流が、気づけばもう50年も続いています。このような関係性は、まさに生きている豊かさの証《あかし》だと思えてなりません。**

また、先生は僕の出演番組も観てくださっていて、「孝くんが出ている番組、よく観てるよ」と言ってくれます。先生は、僕のことを昔から「孝くん」と呼んでいました。そして、時間が止まったように、いまだに「孝くん」のまま。

この変わらぬ、サトウ先生はずっと先生で、僕はずっと生徒という関係性が、僕にとってかけがえがないものだということ、君ならきっとわかってくれるでしょう。

こういう**リアルな関係性、同じ空間と時間を共有した同時性というのは、保存が利くというか、いつでも瓶詰め容器のなかから取り出して、しみじみと当時の雰囲気を変わらず味わえるとでもいうような、そんな豊かさがある**と思うのです。

仕事の場合、学校で築いた関係性とはまた違うところもあります。しかしながら、互いに協力して、ときにぶつかったり、笑い合ったりという時間を過ごすことに変わりはありません。

そう考えると、**仕事仲間との人間関係もまた、君に何らかの豊かさをもたらしてくれる、かけがえのないものになり得る**ということも、君なら理解できるのではないでしょうか。

「評価」について

人生は不安との戦いの連続だ。
ＳＮＳで他人から評価されたところで、
現実は何も変わらないし、
存在の不安定さは解消されないし、
人として成長できるわけでも、まったくない――

Evaluation

リアルな関係性の大切さを説くと、君たち世代の人はこう言うかもしれませんね。「時代が違うんです。僕たちの世代はSNSでつながるのが普通なんです。だから、ネットでの返信や反応がとても大事なんです」と。

たしかに今の時代、コミュニケーションを深めるのも、情報を集めるのも、ネットがなければ成り立たないと言っても過言ではありません。リアルな関係性ももちろん大事だけれど、ネットの関係性はそれ以上に大事、という考え方にも一理あるとは思います。

ただ、**さして深い関係でもない、あるいは見知らぬ人からの評価も気にするのは、ちょっとヘン**ではないですか。僕などは少し危険かな、とさえ思う。

好意的なリアクションならまだいいですが、必ずしもそんな反応ばかりではありません。それどころか、人を貶《おとし》めるような言葉を平気で返す人もいるわけですし。

僕もSNSアカウントを持っていて、たまにコメントを投稿することもあります。

だが、僕のアカウントやコメントに、リアクションや返信ができるように設定はしていません。知らない人から悪口を言われた日には、いくら僕だって腹も立てば、ムカつきもしますから。

そんな不愉快さ、あるいは味わわなくていい怒りや悲しみを与えられるものだと思うと、SNSにはのめり込むものじゃないと、つくづく感じてしまうわけです。

それに**四六時中、誰か、何かとつながりっぱなしという状態は、人間の創造性を奪います。自分にしかできない何かを考え、作り上げるというクリエイティビティを阻害する**のです。

アメリカのホラー作家スティーブン・キングは執筆に集中する際、午前中はメールも電話もつながらないよう、すべてシャットアウトするのだとか。彼は『書くことについて』(小学館)という本で、これを**「ドアを閉める」**と表現しています。**心のドアを閉め、外界と断絶して仕事を完璧にするということ**でしょう。

僕は、そうした作家に限らず、一般の人たちもいっときスマホもSNSも遮断《しゃだん》して、「ドアを閉めた」状況にあえて自分を置く時間を作る必要があるのではないかと考えています。他者からの影響や干渉を受けない静かな時間のなかで自分自身と向き合い、心を整えていく……。

誰かに「いいね」をしなくても、誰かから「いいね」をもらわなくても、別にかまわない。そう思える自分になる〝訓練〟が必要なのではないでしょうか。

昨今、よく「承認欲求」という言葉が聞かれます。僕が言わんとするのは、「この承認欲求から卒業しよう」ということかもしれません。

何もご飯が食べられないわけじゃない、働けないわけでもない。人並みの生活ができているのであれば、もうそれで十分じゃないか。そのうえ、知らない人からの承認まで得たいとは、あまりにも欲張りすぎやしないか、ということ。

お金もないし仕事もない、自分には何もないという人が、他人からの承認を欲しているというのなら、まだ理解できます。でも、承認を求める人というのは、たいていすでにいろいろなものを持っているはずでしょう。

「有名になりたい」「お金持ちになりたい」というのは、ただの欲求です。人間なら誰しも持ってしかるべきとも言えますが、承認欲求となると、僕が思うに、どこかかせせこましい感じがする。

自分の存在がなんとなく不安定だから、誰かに承認してもらいたいと、さして努力もせず、「こんなすごいパーティーに行ってきました」「こんな豪華なものを食べました」と、ひたすら写真を——もちろん〝盛って〟から——アップする。

「ひょっとすると、インスタグラムというのは嫌がらせのコンテスト？」というのは半分冗談ですが、人に何かを披露して、人をうらやましがらせて、それで自分をよい気分にさせる……。

でも、そういういわゆる**「かまってちゃん」になってみたところで、存在の不安定さは解消されないし、人として成長できるわけでもない。**

古代中国の老子《ろうし》も**「足《た》るを知る」ことが大事**だと言っています。だから、ここらで承認欲求を卒業し、そんな虚しいことに時間を費やすのは、もうやめにしませんか？

承認欲求というものとは違いますが、前に手紙で君に伝えたように、僕も一時期、社会から認められないもどかしさを経験したことがあります。

ですから、誰からも評価されないことから生じる「無力感」というか「虚無感」というか、モヤモヤとした苦しさを理解できないわけではありません。

周囲から認めてもらいたいがゆえに、さも充実している自分の姿をみんなに見せつけたい。そうすることによって、さらに「いいね」をもらいたい。そんな気持ちも、あながちわからなくもない。

でも、見てくれだけを整えて、**表面的に承認をもらったところで、事実何が変わるというのでしょうか。むしろ「他人からの承認」が心の大きな拠《よ》りどころになってしまい、それに縛られることにもなりかねません。**

反対にそういった承認欲求から解放されると、「この人は自分を褒めてくれないから嫌い」などといった〝窮屈さ〟がなくなり、フラットな気持ちで人と付き合えるようになります。

そうすれば、人間関係もずいぶんとラクになるはず。

ぜひ一度、心の「ドアを閉める」練習をしてみてください。

「執着」について

「自己承認欲求」は、
いつの間にか「執着」の〝沼〟と化す危険性がある。
一方で、世の中には自分を後回しにしてでもやりたい、
そう思えることも確実にあることを
知っておいてほしい――

Obsession

インスタのフォロワー数が700超えですか！

それは意外、すごいですね。どちらかというと控えめで、目立ちたがらないタイプの君でさえこんな感じですか。インスタのことを「嫌がらせのコンテスト」などと書いて、ホントごめんなさい。

でも、**「フォロワー数が増えるにつれて、やたらと『いいね』に目がいきがちになっているかもしれない」**という君の言葉は、とても興味深かった。

「さして執着しているつもりもないが、もしかすると無意識のうちに気にしているのかも」とも書いてありましたね。

淡々と付き合っているつもりでいて、知らず知らずのうちに、人目が気になっていく。「いいね」がもらえるほど気分が上がって、執着も増してしまう……。

SNSというのは誠に不穏《ふおん》というか〝沼〟のようというか、だから人々を魅了してやまないのかもしれませんね。

先日、君に送った手紙では、まるで承認欲求が悪者のように書きました。でも、よくよく考えてみれば、他者から承認されたい、相手を承認してあげたいと思う気持ちそのものは、悪いものではありません。

その前提に立ったうえで、ではどうすれば、たとえインスタで「いいね」がもらえなくても、ほどよく欲求を満たすことができるのでしょうか？

そのひとつの方法が、**「何かの世話をすること」**だと思います。

たとえば、ワンちゃんやネコちゃんなどペットの世話をする、というのもありでしょう。散歩に行く、一緒に遊ぶ、ご飯をあげる、病院に連れていくなどなど。

このように、熱心に愛情を込めて世話をすると、「誰かに認めてほしい」という気持ちは自然と出にくくなります。

なぜかというと、**対象であるペットは絶対的に世話が必要であり、それに応えているという時点で、すでに相手に承認されているということになる**からです。

ペットは当然「いいね」をしてくれません。でも、世話をする・されるという関係性のなかで、自ずと「承認」の欲求が満たされていくわけですね。

以前、あるタレントさんのラジオ番組に呼ばれた際、スタジオのテーブルの上に「たまごっち」が7つも置かれていました。その人は本番収録のギリギリ前でもなお、熱心にお世話をしている。

よほど「たまごっち」が好きなのだなと思い、収録後に「7つも育てていて、すごいですね」と声をかけたところ、「自分には15も年の離れた弟がいて、何くれと世話を焼いているうちにお世話好きになったんです」とのこと。「自分には〝お世話力〟があり余っている」とさえ話していました。

相手は人間でもペットでもなく単なる〝機械〟ですが、7つも同時に面倒を見ていたら、おそらくもう承認欲求が湧く余地もなくなるのでしょう。

これは言い換えるなら、世話をする対象がたくさんあることで、承認欲求に悩まされずに済む状態にいる、とも言えるのではないでしょうか。

もちろん、「世話をしている自分を認めてほしい」と写真をアップしたり何なりしたら話は別ですが、普通は世話することに専心していたら、それに意識が集中し、自分のことを考える余裕など断然減っていきます。

僕もワンコと暮らしているのでわかりますが、目の前に自分がいなければ食べられない、生きられないという存在がいたら、自分のことは二の次になる。

そのように、**自分を後回しにしてまでも世話をしようと考えた時点で、もう承認されれ、満たされているということ**ではないかと思うわけです。

お世話をする以外にもうひとつ、承認欲求を満たす方法があります。

それは読書。

たしか君は僕の勧めで、在学中にゲーテや夏目漱石を読んだ——読まされた？——かと思います。実際、『若きウェルテルの悩み』や、『三四郎』『それから』を熟読しているとき、誰かから承認されたいなんて思わなかったでしょう？

読書の最中《さいちゅう》は、物語の世界に引き込まれてしまう。読み終わったら終わったで、いろいろなことを考えさせられるしと、もうそれだけで十分満足。認められたいだの、承認がどうのこうのなんて、１ミリも考えませんよね？

あるいは、たとえば**漱石の本を読むということは、漱石を承認し、また漱石から承**

認されていると考えることもできます。

もちろん生身の漱石がいるわけではありませんが、作品を通して相互承認関係が成り立っているということ。漱石自身は「他人からの承認はいらない」という性格だったようで、「漱石先生を承認してあげた」なんてご本人が聞いたら怒りそうですが、読書というものは、そうした相互承認関係を伴うものでもあるわけです。

ちなみに、僕は幕末、維新期に活躍した勝海舟《かつかいしゅう》の本を中学時代に読み、以来、勝海舟とは——こちらの単なる〝片思い〟ですが——「承認し合う関係」になったと考えています。もしかしたら、君にもそんな作家、作品があるのでは？

とにかく、**他者からの承認という〝煩悩《ぼんのう》〟を断ち切りたければ、ぜひ読書に没頭してください。**それもできれば現代作品ではなく、先に挙げた漱石やゲーテのような没入度がより高まる古典を選んでほしい。

読書を通じてときをさかのぼるなかで、作者と「お互いに相思相愛」と思えたら、ＳＮＳで「いいね」をもらうより、ずっと安らかで充実した気持ちになりますよ。

「仲間」について

友だちが大切なのは当然だが、
「友だちは何でも言える人」では決してない。
むしろ、「友だちは言いすぎてはいけない人」だと
心得るべきである――

Buddy

銀行に就職したA君と、半年ぶりに会って飲みに行ったのですか。君の話によれば、A君も慣れない環境で四苦八苦しながら奮闘しているとのこと。彼は器用で、何でもそつなくこなすタイプに見えましたが、それでもやはり社会人デビューの壁は高かったのかな。

まあ誰しも一度は経験することですから、あまりクヨクヨしたり落ち込んだりせず、1日も早く仕事に慣れてほしいものですね。

それにしても、君とA君とがそんなに仲良くなるとは、正直意外でした。ふたりは、てっきりまったく違うタイプだと思っていたので。君は映画、演劇が好き、A君はキャンプや山登りが好きと、好きなものもまったく別々でしたよね？

在学中、君たちが楽しげに話しているのをたまに見かけてはいましたが、卒業後も近況を報告し合う関係だったとは、ちょっとうれしい驚きでした。

でも、思うにそういうのが友だち関係というものかもしれませんね。**性格や趣味嗜《し》好《こう》が一致しているかどうかよりも、各々が好きなものについて語り合える関係性が大**

事とでもいうのかな。

好みはまったく違うけれど、会えばそれぞれの好きなもの――君たちが言うところの〝推し〟――について、ご飯を食べ、ときにお酒を飲みながら楽しく語り合う。そんな時間を気分よく共有できる相手が、友だちと呼べるのかもしれません。

もちろん、好きなものが同じならば、それもまたよしです。共通の趣味だけでつながる友だちというのがいてもおかしくない。一緒にスポーツ観戦するときだけ、カラオケに行くときだけ会う、とかね。

たとえば、「オタク」と呼ばれる人たちが、楽しげにコミケに足を運ぶ姿などを見ると、僕はうらやましさを感じることすらあります。マニアックな趣味について心置きなく話せるというのは、それだけで楽しくなりますから。

大事なのは、互いに楽しく語り合えるかどうかということ。これができるのであれば、相手の人柄に対する理解、共鳴まで求めなくてもいいとさえ思います。

一方で、**「何でも言い合える、本音でぶつかり合えるのが本当の友だち関係だ」という意見もありますが、僕はそれはちょっと違うと考えています。**

何でも言える関係では、余計な甘えも生まれ、言わなくていいことまで言ってしまう。それどころか、相手を攻撃することにもなりかねないからです。

実はこれについて、僕自身の反省があります。

学生時代、自分のやり方を肯定したいがために、友だちに自分の本音をガンガンぶつけてしまった。気を許した相手だからと悪い意味での甘えが出て、つい言いすぎてしまい、相手を否定することになってしまった。

そして最終的に、友情にヒビが入ることになってしまったのです。

気兼《きが》ねなく何でも言い合えるというのは、一見ラクで居心地のいい状態のように思えます。しかし、孔子も「過ぎたるはなお及ばざるがごとし」と言っていますよね。

友だちとの向き合いについてもまさにこれで、言いすぎていいことは実はひとつもなし。**友だちは大切だという前提に立つなら、「友だちは何でも言える人」ではなく「友**

だちは言いすぎてはいけない人」と心得るべきなのです。

そのためには、友だちのラインを少しゆるめにしておくのがいいと思います。絆《きずな》が強いとか特別な関係だとか、ことさら重みを持たせるのではなく、何かあったらちょっと話ができるくらいの気軽さで付き合うのが、いいのではないでしょうか。

表面的で当たり障《さわ》りのない関係がいいと、言いたいのではありませんよ。悩みを聞いてもらったり、困りごとを打ち明けたりということがあっても、もちろんよし。**弱いところ、カッコ悪いところも平気で見せられる。それが友だち関係のいいところでもある**からね。

そう考えると、**本当の友だちというのは、いかに人生がうまくいっていないかをさりげなく語り合える人**、と言えるのかもしれませんね。

特別に難しい話をするでもない、議論を戦わせるでもない、理想の生き方について語り合うというほどでもない。

日常のうまくいっていないことを、ひとしきりグダグダお互いに言い合って、それからふうっと一息ついて、「まあ明日も頑張ろう」と励まし合って……というゆったりした感じです。

友だちとの関係というのは、否応なく変化します。

学生時代は何もかもがピッタリ合っていたのに、就職したらズレが出て、結婚したらさらにズレて、気づけば価値観がすっかり違ってしまったということもある。

それにショックを受けて「すっかり変わってしまったなあ」とぼやきたくなることもあるでしょう。しかしながら、そこは致し方なし、そういうこともあるだろうと、軽く受け止めるのが大切ですね。

本来、**何でも本音で言い合えるのは友だちではなく家族**です。どんなにケンカしても、家族の縁はなかなか切れない。縁が切れるぐらいのケンカをしたとしても、また元に戻っていく。

そんな「家族」というものについては、また機会があったら書くことにしましょう。

「友情」について

職場では友だちが作りづらいと言われる。
だが、本当にそうだろうか。
「合わない」と感じる同僚との付き合いもまた、
成長という観点から見たら
「友情」の一形態なのではないだろうか――

Friendship

友情に関して、君は職場でなかなか友だちができないとも案じていましたね。

でも、**職場というのは案外友情が育《はぐく》まれやすい場所**といえます。なぜかというと、**人はチームになると自然と協力関係を築いていくもの**だからです。


僕の授業でやった「4人動画」という課題を忘れてはいないよね？

4人でチームになって、どんなものでもいいから動画を作って発表して、というあの課題。思えば、君とA君とが親しくなったのも、この「4人動画」で一緒になったのがきっかけではなかったかな？

この課題で、あるチームは「1万円を使って、4人でファミレスでどれだけ食べられるか」という動画を撮りました。1万円分たらふく食べて、「もうお腹いっぱいだ〜」みたいなことを、4人で言い合っているだけのような動画でしたが、撮影以来、その4人は仲良くなって、その後もよく遊びに行く関係になりました。

最初はみんな乗り気ではなく、「え〜、授業で顔を合わせるだけの人と一緒に何やるの？」という感じでしたが、スケジュール調整をしたり、役割分担をしたり、実際に動画を撮影、編集したりするうちに、自然と関係が深まっていったのでしょうね。

当初はさまざまな人と交流したほうがいいと思い、課題ごとにグループを替えていくつもりでしたが、その様子を見て、僕はメンバー固定でやろうと決めました。「合う、合わないもあるだろうけれど、それも含めて縁だから、授業期間中はメンバーを代えずにやるよ」と。

その方針に不満を感じた人もいたようでしたが、同じメンバーで何度も動画撮影に取り組むうち、みな半ばあきらめがついたようで、なんとなく仲良くなっていった。

実は、僕はこの課題を通じて、**ひとつの目標に向けて突き進んでいくと、人は性格や価値観の違いを超えて親密になる**ものなのだと気づいたわけです。

半年ほどチームを組んだだけで、このような関係性が生まれるのですから、いわんや会社の同僚においてをや、です。3年、5年、10年とともに働いたら、チームメイトとしての友情が育まれていくのも理解できるのではないでしょうか。

もちろん、何年一緒に仕事をしても「合わないな」と感じる相手もいるとは思います。でも、合わない部分もひっくるめて、ちょっとした友だち感覚が生じるはず。

前回の手紙でも少し触れたように、**気が合って深く付き合う友情も大事ですが、このような、つかず離れずのような友情も決して悪くはない**のではないでしょうか。

学生時代と違い、仕事では張り合ったり敵対したり、ときには腹を探り合ったりすることもあるでしょう。ミスを指摘したり、たしなめたりと、言いにくいことを伝えなければならない場合もあるはずです。だから同僚との友情は考えにくい、という人も多いかもしれません。

でも、そうした側面だけを見て「会社での友情はあり得ない」と決めつけてしまうのは少々もったいない。**チームは親密さを育むだけでなく、自分の強みや長所を見出してくれる場でもあります**からね。

「4人動画」の課題で、こんなことがありました。

僕が授業の初回で、それぞれに強みは何かと尋ねたら、みんな最初は遠慮してなかなか口に出さない。そこで、「あなたの強みはこれじゃないかな」と伝えると、周囲が「そうだね」「それだね」と褒めてくれて、そのうちに本人も自信が湧いてくる。あるいは、チームの誰かが「人より優れているかわからないけれど、自分ではこれが強みだと思っています」と発言すると、周囲が「おお、そうだね」「わかるわかる」と背中を押してくれる。

このようなやりとりを見て、僕は**「チームとは個々人の強みを活かすだけでなく、各々の強みを見出し明確にしてくれる作用もある」**と感じたのです。

事実、授業で動画を作るよう説明した際、動画の編集などやったこともないのに、できるかもしれないと手を挙げた学生がいました。そして、実際にその人は動画の編集を上手にこなした。あるいは「経験はないが実際に演技をしてみたら、とてもはまった」「初めて台本を書いたらけっこう面白く書けた」という人もいました。

はじめは、誰もが何が得意かわからない。でも、半ば強制的にチームになって動画を作ってみると、台本を書く人、演技をする人、撮影する人、編集する人と役割分担され、お互いの長所がわかっていった、と。

こうしたことがムリなくできるチームほど、個々の能力も協調性も高まり、さらに強さを発揮できるのではないでしょうか。

とくに新人時代は、自分の能力も仲間との相性も未知数です。自分のやりたいことや強みを自覚して働き始める人もいるでしょうが、そこにあまりこだわりすぎず、チームにおいての役割や仲間との関係性を考慮に入れながら、臨機応変に対応するのも大切なことではないかと思います。

そのほうが確かなストロングポイントがつかめ、また自分自身の幅を広げることにもつながりますからね。

話題が友情からちょっと逸《そ》れてしまいましたが、僕が言いたかったのは、**職場という選り好みのできない環境、替えの利かないチームだからこそ、育まれ、養われる人間関係があるのではないか**、と。**そのような状況だからこそ生まれる友情があるの**ではないか、ということです。

何でも自由に選べて、何でも自己決定できる学生時代とは違う、制限や縛りのなかでの挑戦は、君を一回りも二回りも大きく成長させてくれるはずです。

「結婚」について

見た目、年収、勤め先は、
この先いくらでも変わり得る。
そんなあやふやな条件より、
結婚生活にとってはるかに大事なのは、
価値観をすり合わせられるか否かの一点しかない――

Marriage

「せっかくなので、この際、結婚についてもぜひ知りたい。自分自身が家庭を持つのはまだまだ考えられないけれど、この機会に先生の結婚観も知っておきたい」

「ついでに、奥さんとの馴《な》れ初《そ》めについても教えてください」

なるほど〜、そうきましたか。出会いは20歳の頃、友だちの紹介で、です。以上。

って、これだけでは何ですし、仕事と同じくらい家庭を持つことについて考えるのも大切ですから、参考までに僕の結婚観や家族観について書くことにしましょう。


僕が思うに、**家族というのは人間関係の〝基地〟みたいなもの**です。仕事や人間関係でたまったストレスを解かしていく機能を果たすもの、とも言えるでしょう。

なかには、「家庭、家族そのものがストレスだ」と言う人もいます。しかしながら、いさかいや本音のぶつけ合いはあるにせよ、それも含めて**家族というものはストレス解消に役立っている**と僕は思うのです。

もちろん、僕自身も当然経験してきましたよ。つまらないことで家族とぶつかって、言い合いをして、お互いに「やってられるか！」みたいな思いをしたことが。

でも**不思議なもので、大ゲンカをした翌朝も、なぜか家族一緒に朝食を食べている。あれだけ大騒ぎしたのに、どういうわけか次の日は普通の生活を送っている。**生活を脅かすような一大トラブルなら話は別でしょうが、そうでない限り、どの家もたいていはそんなふうにして日常生活を営んでいるはずです。

僕はこの、**どれほどぶつかろうと、よほどのことがない限り壊れない、むしろ遠慮なくガンガンやり合えるところが家族のよさ**だと思っています。

もっとも、遠慮なくやり合うというのは、言うまでもなくわずらわしいものです。

僕が、とある人生相談の番組に出たときのこと。

「ずっと単身赴任だった夫が会社を辞めて家に戻ってきたが、会話もないし、あれこれ世話をしなければならず、面倒でしょうがない。どうしたらいいでしょうか?」

こう相談してきた女性がいました。聞けばお酒や賭けごとなどの問題があるわけでもなく、離婚したいほどではないと言います。

そこで、僕はその女性にこう回答しました。

「結婚生活とは、そもそもわずらわしいもの。あなたは、そのわずらわしさをずっと負担せずにきた。今は、その後払いをしているのですよ」

あなたが今感じているわずらわしさは、結婚した以上避けては通れない必要悪。だからそこから逃げようとしないで、どうにか切り替え、工夫しながら付き合っていってもらいたいと。

相談者の女性は大いに納得していましたが、まさに、この**わずらわしさから逃げないということが結婚生活を維持し続けるコツ**でもあるのです。

こういう場合、スパッと離婚して第2の人生を、という人もいます。ですが、そこまでの話でもないのなら、ズルズルと軽いわずらわしさとともに生きていくというのが、家族という〝歴史〟を重ねるための最善策なのです。

いわゆる「腐れ縁」と言うと印象が悪いかもしれない。でも結局、人間はあれやこれやをくぐり抜け、やがて〝同志〟となっていくものだと思います。

夫婦にしろ、友だちにしろ、会社の同僚にしろ、わずらわしいからとバッサリ切ってしまうのではなく、ともにした時間、重ねた歴史を大事にし、手入れをし続けていくというのも、関係性に対する考え方のひとつなわけです。

結婚については、相性や条件をものすごく気にする人もいますが、生涯未婚率の高まりを考えてみると、僕は慎重になりすぎるのもどうかと思います。

もちろん、明らかに結婚生活が危ぶまれるような相手は避けてしかるべきですが、そうでないなら**「とりあえず結婚してみる」というのも手**だと思います。

どこでどう知り合ったのかとか、何年以上付き合ったのかとか、そういう前提はさておき、別れることを恐れず一緒になってみるといい、ということですね。

事実、僕の教え子で、バイトの引き継ぎで初めて出会って付き合いだし、そのまま結婚したという人がいます。引き継ぎですから本当に一瞬会っただけ。さして長く付き合うでもなく同棲、結婚し、子どもも生まれ、普通に家庭生活を送っています。

思えば僕らの親世代も、お見合いをして、出会って3回目で式を挙げたというケースも少なくありませんでした。**昨今の離婚率等を考えると、たくさんの選択肢をあれこれ吟味《ぎんみ》して相手を決めるのが、結婚生活がうまくいくポイントとも決して言い切れ**

ません。

そもそも考えたら、選択肢がたくさんあるというのは、しんどい部分もあります。どれにしようと迷っているうちに時間だけが過ぎ、機会を逃してしまうことにもなりかねない。何事も、ある程度のところで「これが縁だ」と腹を決め、ことを進めていくのが肝要なのです。

まあそうはいっても、みんな結婚となると条件にとらわれますよね。容姿やスタイルがいいかとか、どんな会社に勤めているかとか、年収はいくらなのかなどなど。

そういうものがどうでもいいとは言いませんが、いざ一緒に生活していったら、どれほど輝いていたものでも色あせていくのが道理です。

王子様だと思っていたのがカエルに変わっていたという、いわゆる「カエル化現象」。どれほど見た目がよかろうが、お金がたくさんあろうが、得てして「期待していたのと違った」となるのが結婚というものなのです。

では、条件だの相性だの期待だのを超えて、どうすれば幸せな結婚生活を送れるのか。一体どういう人が結婚で幸せになれるのか。

その答えは「結婚生活運営能力」の有無にあると思っています。

「自分の稼ぎはこれしか出したくない」「そんなんじゃ、やっていけない」と文句やわがままを言いすぎず、ともかくなんとか生活を維持していこうとする能力のこと。胆力、あるいは以前、手紙でも紹介したある種の妥協力とも言い換えられるかもしれません。

僕は**幸せな結婚生活を継続させるには、男女双方がこうした価値観をすり合わせる能力のようなものを持っていることが欠かせない**と思います。

もちろん、お金は大事です。「これだけの収入じゃ生活していけない」と感じるラインも、それぞれあるでしょう。

でも、だからといって**「貧乏＝結婚生活を営めない」と考えるのは早計**です。

なぜなら、戦前の日本人の多くは貧しさにあえいでいたけれど、それでも結婚してみな家庭を営んでいましたよね？

今よりたくさん子どもも生まれていましたよね？

そう考えると、お金と結婚は切り離せないとも言えませんよね？

思うに、今の日本は「査定社会」になってしまいました。

「年収がいくら以下の人は相手にしない」とか「年齢が何歳以下でないとダメだ」といった、こういう「査定する社会」は、僕はいったんやめにしたらいいと思う。

そもそも査定社会というのは、人権を踏みにじっています。

あるサイトを見たら、「身長170センチ以上、年収700万円以上でないと登録資格はない」みたいなことが書かれていました。

僕は身長168センチ、30代の半ばまでは年収も雀の涙でしたから、結婚という通過儀式に参加資格なし、おまけに人権もなしということになってしまいます。

「条件、条件ってどうなのよ！」「そんな生きづらい社会はないだろうよ！」と――今さら婚活などするわけないにもかかわらず――怒りがこみ上げたりもするわけです。

さて、君はどう思いますか？

「選択」について

「恋愛」も「結婚」も、
すべては「選択」というストレスとの戦いである。
決断により、そこから解放されれば、
善し悪しは抜きにしてストレスフリーな生き方を
間違いなく実現できる――

Selection

低身長、低収入だと、男性は結婚もままならない。そんな査定社会はまっぴらごめんだと――ちょっと興奮気味に――前回の手紙に書きました。

では高身長、高収入ならば人生バラ色、ハッピーなのかと聞かれたら、僕はにわかに肯定しかねます。繰り返しになりますが、前回の手紙でも説明したように「カエル化現象」は、誰の身にも起こり得るからです。

もっとも、こんなことを書くと、君にすら「それってヒガミでは？」「モテない言い訳では？」と思われるかもしれません。

実際問題、僕は、「モテ」に対して少々ニブイところがあります。**「モテよう」とか「モテるために何かをする」とか、そういうことを考える頭の回路が、どうしても構築できなかった**ようなのです。

若い頃から、周りには「モテるために音楽をやる」「流行の服を着て髪型もバッチリ決めて」といった人もいましたが、僕はどうしてもそのような思考になれなかった。

気づいたら自分がやりたいことばかりをやって、そこには恋愛対象となるような人はひとりもいなかったのです。

つまり、モテとは無関係の場所にばかり突っ込んでいき、結果、**僕はモテとはまったく無縁――今ふうに言えば非リア充？――の人間として生きてきました。**

もちろん、「モテ」が何かを理解していなかったわけではありません。モテる状態というのは、おそらくいい状態なんだろうなと思いつつも、そのために何か努力をするということがやりにくい脳みその持ち主なのでしょう。

その結果として、自分のほうから一方的に誰かを好きになるという回路が、どうやら遮断されてしまったようなのです。

誰かがこちらを気に入ってくれたら、こちらの気も動くという〝他動主義〟でした。

これは、自己愛が強すぎるせいなのか、自己肯定感が高すぎるせいなのか……。

いずれにしろ、あるがままの僕を評価できない人には興味が湧かないという、ある意味非常に傲慢な人間が出来上がってしまったわけです。

一方で、こういう状態でいると、告白して振られるとか、思いが実らず落ち込むというストレスがありません。「こんな自分を受け入れろ」と他者に迫るわけでもありませんので、誰かに迷惑をかけることもない。

あくまで自分のなかで「僕の価値を見出せない人が誰を好きになろうが知ったこっちゃない」と思っているだけですから。

実はこのような「モテからの解放」ともいうべき状態は——君に間違ったことを教えてはいないかと若干恐る恐る白状すると——精神的には大変ラクではあった気がします。

僕の場合、前の手紙でも書いたように、幸運にもそんな僕を好きになってくれ、僕自身も好ましいと思える相手と友だちの紹介で出会えました。だから迷うことなく、26歳でまだ収入もない大学院生だというのに結婚を決めたのです。

その時点で、相手を探さなければ、選ばなければというストレスからも解放された。

だから、**結婚とはなにかとわずらわしさをもたらす「モテからの解放」を意味するものでもあると考えれば、それほど深く悩まずに決断できる**かもしれませんね。

Household

Money

Fortune

Leadership

Success

Happiness

Life

第5章

「成功」と「幸福」という〝未来〟を描き切れない君へ

「家庭」について

仕事と家庭に優先順位をつける必要などない。
仕事重視でもいいし家庭重視でもいい。
ただし家庭を持つと、未来がより明確になるので、
人生に腹をくくれるようになる——

Household

もうこれで何通になったでしょうかね、君との手紙のやりとりは。

まあ一言で言うなら、君は思っていた以上に探求心が強い！

好奇心旺盛というか尋ね上手というか、仕事から始まって人間関係、結婚、恋愛と、僕も期せずして、思うところを率直に書き連ねることになりました。そうした僕の経験や人生観が、君にとって何らかの指針になってくれていればいいのですが。

もっとも、君も薄々《うすうす》——あるいはハッキリとかな？——感じているように、よくも悪くも僕の生き方はやや普通とは違います。

君の返事からも読み取れるように、「先生、そうはいってもそんなにうまくはいかないよ」「やっぱり、女の子にはモテたい！」などと思うところもあったでしょう。

結婚にしても、「ろくな収入もない大学院生時代によく結婚したね」「そんなの普通はムリだよ」と、異論を述べたくなったはず。

まあたしかに、普通は仕事が先にきて、それから結婚となる。**定職を持たない26歳の院生の身で結婚するなんて、世間一般からしたら非常識極まりない**、と。事実僕も、結婚してやっていけるだろうかと、不安がなかったわけではありません。

でも、そんな僕に、父がこう言ってくれたのです。

「人生には大事なことがふたつある。それは仕事と家庭を作ることだ。そのふたつのうちひとつを達成するのだから、それはいいことだよ」

僕の父親は「仕事もしていない、まだ院生という身分なのに結婚するのか！」というような〝四角四面《しかくしめん》〟なことは言いませんでした。

「稼ぎがないと結婚できない」という発想がない。僕の場合、稼ぎがないどころか授業料を払わなければならないわけですから、経済的にはゼロどころかマイナスだったにもかかわらずです。


僕は父の言葉を聞いて、心強いというか背中を押してもらえたというか、「そういう考えもあるのか」と非常にスッキリしました。**仕事も家庭もどちらも大切なものに変わりはなく、どちらが上だと優先順序をつける必要などない**、ということです。

ともかく、ひとつ大きな仕事を達成したのだから、それはめでたいことなのだ、という父の考え方に思わず膝を打ちました。

思えば、その「家庭を持つ＝人生の大事なもののうちひとつを成した」という考え方のおかげで、学業や仕事に対する姿勢も変わったのかもしれません。

子どもも生まれ、さらにお金が必要になるという現実的な問題もありました。だが、**家庭を持った以上、なんとかしなければと切迫感に拍車がかかったことで、やるべきことや進むべき道が明るく見えてきた**のです。

逆に言うと、「これまでの自分のままでは危ないな」と、さすがにマイペースではいられないと、人生に腹をくくったわけですね。

もっとも、当然ながら家庭を持ったから何もかもがうまくいく、というわけではありません。仕事が軌道に乗って、家族を問題なく養えるようになるには、それなりに時間もかかりました。

その間、実は経済的に両親にサポートしてもらったこともありました。至らぬ息子を信じて励まし、足りない部分を補ってくれた親には感謝しています。

そうしたサポートによって今の自分があると考えると、**「社会人になったらもう親に頼ってはいけない」「親は当てにせず自立すべき」と決めつけるのは、いささか単純**という気もします。むろん、単なる〝甘え〟はよくありませんが、いっときの修業期間であるならば、そんなに頑《かたく》なに考える必要はないかもしれません。

一般的には、早く自立しなければいけないという考え方が正しい。けれども、長い人生、場合によっては自分の力で何もかもやりきるのが難しいこともある。であるならば、**家族に少しでも援助してもらい、20代でスケールアップを図り、30代から自立するというやり方もなくはない**と思うわけです。

ただし、これは実家や家族に余裕がある場合の話。頼れる相手がいなければ、自分でなんとかするしかない。そのためには僕が前に伝えたように、ストレスなく働ける、向いている仕事を見つけて頑張っていくということが重要になってくるわけです。

さらに、**今の仕事ともうひとつ、副業を考えてみるのもいい**と思います。

当然、初めはムリのない範囲でということになりますが、「万が一これがダメになってもこっちがある」と選択肢を持っておくと、精神的にも余裕が生まれます。

「BATNA《バトナ》＝Best Alternative To Negotiated Agreement」という言葉を知っていますか。これは「交渉が同意に至らなかった際のベストなもうひとつの選択肢」という意味。**もうひとつ選択肢があると思うと、何事も余裕を持って交渉ができる、相手に足元を見られずに強気に出られるということ**です。

人間関係にも言えることかもしれませんが、これしかないという一択より、〝二刀流〟のほうが気持ちが落ち着き、結果、物事がうまくいくわけですね。

「選択肢などなくたって怖くない」というメンタルの強い人もいるかもしれません。ですが、やはりいざというときの〝心のシェルター〟は必要です。

それがあれば、やる気もチャレンジ精神も湧いてくる。

そうしたベースになるものを確保しておくためにも、人生は何事も一応のリスクヘッジを考えておくのが肝要なのだと思います。

「お金」について

お金は大事だが、
「お金がないから何もできない」は絶対に間違いだ。
恐れるべきはお金がないことではなく、
お金がないという恐怖にとらわれ、
勝負時に必要な勇気を振り絞れないことである――

Money

ますます厳しくなる世の中、君が将来のことも考え、お金の心配をするのも当然のことだと思います。

それにしても僕自身、振り返ると20代は本当にお金がなかった。切り詰めて質素に生活し、それこそムダづかいなどとは無縁の暮らしをしていましたが、思い返すと、「いや、よくぞ頑張ってこられたな」というのが正直なところです。

でも、それで不幸だったのかというと、別にそんなことはなかったと思います。**お金がないならないなりに、なんとかやっていけた**のです。

住んでいるのは狭くて古いアパート。しかも、そこで子どもも生まれ、一家で肩を寄せ合うように暮らしましたが、人生の一幕として悪いものでもなかったかな、と。

安本末子《やすもとすえこ》さんが書いた『にあんちゃん』（KADOKAWA）という日記作品があります。主人公は小学校低学年の、ものすごく貧しい家の子たち。お金がなくて、兄弟も離れ離れになるほどの貧乏暮らしという設定です。

でも、この作品を読んでいると、貧しいなかで頑張る姿に美しいものを感じてしまいます。もちろん、貧乏を礼賛するつもりはありません。ですが、**貧しさをものともしない強い価値観が昔はあった**ということが、強く伝わってくるのです。

思えば**『巨人の星』の主人公、星飛雄馬《ほしひゅうま》の家も貧乏でしたし、『あしたのジョー』の矢吹丈《やぶきじょう》に至っては貧乏なうえに天涯孤独《てんがいこどく》**です。

人気漫画やアニメの主人公たちが、そろいもそろってみな極貧の身の上。つまりは、僕の若かった時代には貧乏肯定、貧乏が当たり前という「貧乏万歳！」的な価値観があったのです。

そんな時代感覚の下で育ったせいで、僕のなかでは「金持ちがよくて、貧乏が悪い」という価値観が希薄なのかもしれません。もちろん、好きなことばかりやってきたのだから貧乏も致し方なしと、そんな考えも若い頃はあったかなあと思います。

でも一方で、好きにやっているだけでは、お金はそう簡単にもらえるものではないというのも身にしみて実感しました。論文を書いただけでは、ギャラはもらえません。塾講師のバイトをやっていましたが、それでようやく少し稼げる程度だったのです。

貧乏を経験した20代は、僕にとってはお金のなさを嘆くより、お金のありがたみを痛感する時期だったと言ってもいいでしょう。何しろ、レコード1枚にしても、「もったいないないなあ」と煩悶《はんもん》しながら買っていましたから。

しかし、だからこそ大切に何度も聴こうとしたものです。今のようにストリーミングやサブスクリプションサービスを使い、無料に近い感覚で大量の楽曲が聴けてしまうよりも、ものに対するありがたみ、愛着は、はるかに強かったと思います。

僕は学生時代からずっとテニスをしていましたが、ラケットを買うお金もガットを買う余裕もなく、万が一ラケットが壊れたら、ガットが切れたら終わり、もうテニスはできない、という気持ちでやっていました。

お金を持っている友だちに「齋藤くんはテニスが上手なんだから、ラケットをもう1本買いなよ。僕がお金を出してあげるからさ」なんて言われたこともあったほど。そんな事情もあったため、僕は人一倍大切にラケットを使っていました。

また結婚前のこと。僕がアパートでひとり暮らしをしていたところ、就職した友だちが会社を辞めて大学院に行くので、学校が始まるまで僕の部屋に転がり込み、居《い》候《そうろう》のようなことをやっていた時期がありました。

で、ある朝起きると、彼がいない。どこへ行っていたのかと尋ねると、近所のパン屋さんでパンの耳をもらってきたと。そいつはいいねと、**ふたりでしばらくパンの耳を食べて暮らした**のです。

今思うと、「貧乏すぎるだろう！」とツッコミを入れたくなりますが、居候の友だちとパンの耳をかじっていた頃は生活自体、とても面白いものがありました。

お金がないことを平気で笑い合い、不安にもみじめにも思わない。さまざまな生活の工夫もしましたし、頭も使いました。今、振り返ると、決して悪い経験ではなかったと思えます。

まあ、そうはいっても、ずっとお金がないのは困ります。精神的に参ってしまうこともあるでしょう。働く気力も意欲も失せてしまうような、極端な困窮は当然避けなければなりません。

ただ、**20代のうちは「お金がないから何もできない」とは考えず、ないならないなりに、どうにかやってみるのもいい**のではないのかという気がします。

君は幸い、会社に就職して毎月、給料ももらっている。一方で将来不安もある。だから、投資や貯蓄について勉強するのは大切なことでしょう。

ただ、**お金がないという恐れにとらわれすぎると、いざというとき、グッと底力を発揮して勝負しようというときでも、気持ち的に守りに入ってしまう危険性がなきにしもあらず**かもしれない。

ですから、お金への執着はほどほどに。

もちろん、時代が違うのだから、僕の真似をしろとは言いません。

ただ、たとえば、お金がないからこそ、結婚してふたりでなんとかやっていく。そうすると人生に勢いも出て、面白味も増し、予定調和ではない貴重な経験が得られるのではないか。

現在の何かと守りに入りがちな風潮を考えると、そんな大胆――君からしたら無責任？――な提案もしたくなってしまいますね。

「幸運」について

「運」は天から降ってくるものではなく、
すべて人間関係から生まれてくる。
ただし、一歩でも早く動かなければ、
「幸運」を捕まえることは決してできない——

Fortune

「お金への執着はほどほどに」と書きましたが、逆に執着すべき、あるいは、なおざりにしてはいけないものがあるとしたら、それはやっぱり人間関係でしょうね。

人間関係の大切さについては、これまでに君に何度も伝えてきました。

では、なぜそこまで何度も繰り返すのか。それは、**人生がさらに開けるチャンスは、人間関係からしか生まれないと言っても過言ではない。しかも、そのチャンスは一瞬かもしれないということを自分の経験からも痛感している**からです。


たまたま誘われて参加した飲み会がきっかけで、明治大学で教鞭《きょうべん》をとることになったことはすでに書きました。そして、大学教員になったことをきっかけに、また新たな別の道が開かれることになったのです。

学生時代、どれほど興味深い研究をしても、論文を書いているだけでは、誰の目にも留《と》まらないことも、お伝えしましたよね。

これが大学教員になったことで、僕の研究に興味を持ち、本にして出してみないかと申し出てくれる人が現れたのです。最初の著作は専門書でしたが、幸いにも重版がかかり、またお声がけいただき、その後も本を出せるようになっていきました。

もちろん、自分ひとりの力で本を出すことなど到底できません。これも人間関係、人とのつながりによってもたらされたものだと言えます。

すると、ほどなく次のチャンスがやってきたのです。

僕の大学の同僚で、政治思想史、民俗学の研究をされている後藤総一郎《ごとうそういちろう》先生という方がいました。同僚といっても、学部も違い、年齢もはるか上の方です。

この後藤先生が、何かの会で一緒になった際、僕のことを気にかけて、「これから編集者に会うから一緒にご飯を食べないか」と誘ってくれたのです。

その食事会で僕は筑摩書房の編集者を紹介してもらい、今度は専門書ではなく一般書を出さないかと提案されました。一般書は専門書と違い、部数もずっと増えます。これで自分の考えをより多くの人に伝えることができる。そう考えた僕は、ふたつ返事で引き受けました。

それが『子どもたちはなぜキレるのか』という新書デビュー作です。結果としてこの本を皮切りに、僕は今に至るまで次々と一般書を書くことになりました。ですからこの本は、いわば世に出るチャンスを作ってくれた1冊と言えます。

先に書いたように、このチャンスもまた、人間関係から生まれたものにほかなりません。やはり、誘われたら食事や飲み会には積極的に参加したほうがいい。**でき得る限りお誘いに乗ったことで、まだ見ぬ未来を引き寄せることができた僕が言うのだから間違いありません。**

こんな話をすると、「単に運がいいのでは」と言う人もいます。ですが、**そもそも「運」というものは人間関係がもたらしてくれる**というのが、僕の考えです。世の中の人がイメージするような、突然、天から降ってくるようなものではないと思います。だから、運がいい人というのはイコール人間関係がいい人ということになるわけです。

では、**どうすれば人間関係がよくなるのか。一言で言うなら、誘われたらとりあえず断らないい**ということです。「忙しいのでけっこうです」は、できるだけ口にしない。**簡単に断るのは運を捨ててしまうようなもの**なのです。

思わぬ場所で出会った人と気心が知れて、自分を引っ張り上げてくれる、ということもあるわけですからね。

事実、僕の友人で大企業の社長になった人がいます。彼に「すごいね、なぜ社長になれたの?」と尋ねたところ、「まあ、周りの人がちょっと引き上げてくれたからだよ」と言っていました。

もちろん、その友人は能力も高く人柄もいいので、謙遜した物言いだったのでしょう。でも、彼の話を聞いているとそればかりではなく、言葉通り「ちょっと引っ張り上げてもらえた」節もあると感じられるのです。

要するにこの友人の場合も、もともとの人徳にプラスして、人間関係によって引き寄せた運のおかげで結果、社長に選ばれた、と。人間関係や付き合いをなおざりにしなかったことで、引き立てられ、才能が開花したということですね。

なお、**運をつかむことについては、グズグズしていてはいけません。あれこれ迷ったりボーッとしたりしているとチャンスは逃げてしまい、二度と現れない**からです。

僕は先の新書を出したあと、NHK出版からオファーがあった際、とにかくスピーディーに執筆を進めました。たまたまそのとき時間があったということもありますが、書けるときにさっさと書いたほうがいいと前倒しで書き、当初の予定よりも早く出版にこぎつけることができたのです。

この本は『身体感覚を取り戻す』というタイトルで刊行され、２００１年、新潮学芸賞を受賞し、世間でもかなり話題を呼びました。**早く書いたことと明確な関係があるかどうかはわかりませんが、結果的に幸運をつかんだのですから、やはりグズグズせず素早く引き受け、早め早めに取り組んだ成果と言える**のではないでしょうか。

レオナルド・ダ・ヴィンチは、手記でこんなことを書いています。

「幸運の女神には前髪しかない。だから、チャンスを捕まえるには前髪をつかむしかない。通り過ぎたあとを追いかけても、後ろ髪がないので捕まえられない」

つまり、機会を素早く捉えないと、チャンスを失ってしまうということです。

僕自身、このダ・ヴィンチの言葉を胸に刻み、ボーッとしてチャンスを逃すことがないよう、今でも常に「スピード重視」を心がけています。

「統率」について

リーダーという立場でしか養えない力は必ずあり、
それが、君のこの先の人生を大きく変える。
チャンスがあるなら早めに、
上に立つ人にしか見られない〝景色〟を
一度は見ておくべきだ――

Leadership

ついに、小さなプロジェクトのチームリーダーを任されたとのこと。素晴らしい。数名程度のチームだといいますが、リーダーに選ばれたということは君の力が認められたということ。これは、そうそうあることじゃないですよ。

「引き受けたものの、プレッシャーがかかって前向きになれない」

「失敗したらどうしよう、迷惑をかけたらどうしよう、とそればかり考えてしまう」

そう君は書いていましたが、引き受けたからには、もうやるしかない！

僕の知人で、さる大手金融会社の社長になった人がいます。自ら望んでというよりは、周囲から推されてのことだったようですが、就任に際し、彼は「うまくいかなかったら辞めればいいだけですから」と淡々と話していました。

大会社の社長でさえ、そのような心持ちで引き受けることもあるわけですから、必要以上に自分にプレッシャーをかけることなどありません。君はただ、チームのためにできることを考え、粛々と任務を進めれば、それでよし。「うまくいかなくても会社をクビになるわけではない」くらいに考えておけばいいと思いますよ。

それと、「メンバーをまとめる際、どんなことに気をつけたらいいでしょうか」という質問について。

まず**大事なのは、率先して明るい雰囲気を打ち出すこと。僕が知る限り、リーダーシップを発揮できる人はいつもニコニコしています。**

どのような組織にしろ、リーダーというものは、それなりにストレスがあるはず。なのに、なぜかみな明るいのです。ですから、君もこれにならって常に明るくにこやかにいてほしい。

そしてもうひとつ、**周囲から慕《した》われる人というのは常にフェア**です。自分にいい顔をしてくれるから取り立てようとか、自分に反論を述べてくるから遠ざけるとか、そういう不公平な考え方をまずしません。

宮沢賢治の『雨ニモマケズ』のなかに、**「ジブンヲカンジョウニ入レズニ ヨクミキキシワカリ ソシテワスレズ」**（自分を勘定に入れずに、よく見聞きしわかり、そして忘れず）

という一節があります。僕はこの言葉が大好きです。「フェアでいる」というのは、この「自分を勘定に入れずに」を日頃から実践できるかどうかではないかと思います。

たとえばその場に9人いて、8人分のケーキがあったとしたら、自分を数に入れずに、さっと「はい、どうぞ」と残りの8人に分けてしまう。

たとえ自分の分がなくても平気でいられる、文句も言わない。そういうことを普通にできる人が、慕われるリーダーになれるということですね。

もちろん、見方によっては自分が損をしているとも言えますが、しかしそれと引き換えに、「この人は自分が損をしても周囲に尽くそうとしている」という信頼を得ることになる。**損をしても、負担が増えても、結果としてフェアを心がけることによって、リーダーとしての自分もリターンが得られる**わけです。

リーダーだけに過剰な負担がいくような状況は避けるべきですが、基本的な心構えとして**「自分を勘定に入れずに」を心がけることでチームがうまく回っていく**ということを、ぜひ覚えておいてください。

チームの先頭に立って人を統率するというのは、そもそも面倒くさいものです。気が重くなることも少なくありません。僕も年齢が上がるにつれ、委員会の議長など責任のある仕事を任される機会が増えましたが、そのたびに「しんどいな」「引き受けるんじゃなかったな」などと思うものです。

でも、やれば、やはりそれなりに学びや成長があります。他人の事情を考慮して、それなら自分がやりますと申し出たり、自分より他人の成長を優先しようとする意識も芽生えました。

自分でも想像していませんでしたが、実際にリーダーの立場に置かれたり責任を負ったりすることで、「自分を勘定に入れずに」の気概が育まれていったわけですね。

よく「立場が人を作る」と言いますが、いざやってみたら思う以上に自分の力が伸びた、だからやってよかったということも多い。

ですから君も、責任を負うことのマイナスばかりを考えず、自分を押し上げてくれるチャンスと考えて、前向きにチャレンジするといいですよ。

僕はよく、教師となったかつての教え子から、教頭試験、あるいは校長試験を受けるかどうか迷っているという相談を受けます。

そうした際、受けてみるよう背中を押します。その理由は、**実際に教頭や校長など上のポジションになってみると、一教員では見えなかった〝景色〟がよく見えてくるから。**責任も大きいけれど、それ以上に得られるものが大きい。

上のポジションに立つということは、メンタルが鍛えられるということでもあります。これからの人生を生きていくうえで欠かせない、さまざまな物事に対処する力やものの見方を養うこともできます。

逆に言うと、責任ある立場に就かないと、そうした大切な力も身につかないということ。ですから、**責任ある立場は早いうちに経験するに越したことはありません。**

にこやかに、そしてフェアであることを忘れずに。君らしさを大切にしながら、成長の階段を一歩ずつ上がってみてください。

「成功」について

「成長」を実感させてくれるのは、
実は「成功」しかない。
ただし、目標を達成し成功を収めるには、
理屈抜きに時間が必要であり、
その間に何をしたかで成功の価値は決まる――

Success

君にとって、人生のゴールとは何だろう？

僕の場合、自分の考えや研究を世の中の人々に広く知ってもらうというのが、大きな目標でした。そして、それに向けて試行錯誤し努力することで、教育者、そして人として成長していったのです。この**成長を実感させてくれたのが「成功」**でした。

僕は大学教員となり、学生たちに教えるようになります。さらに、前の手紙で説明したように、一般書も書くようになり、それまでの論文、専門書に比べて、より多くの人々に自分の考えを知ってもらえるようになりました。

この事実だけをしても、成功したと言えなくはありません。「考えを世の中の人々に知ってもらう」という当初の目標を、ある程度、達成できたわけですからね。

しかし、それが人生の成功かと言われると、果たしてどうか。その事実だけでは、実は自分としてはどうにもピンときていなかったのです。

その後、2001年に『声に出して読みたい日本語』(草思社)という本を出し、おかげさまでシリーズで260万部ほど売れました。ここに至って、「これはさすがに人生の成功と言えるな」と実感できたのです。
この本の売れゆきが100万部を超えたとき、出版社の人が「100万部突破記念の会」のようなお祝いのイベントを開いてくれました。その際、出版社だけでなく、書店、印刷所、製本所など、非常に多くの人たちが集まり、みなさんが口々に僕の本を褒《ほ》め、売れたことを心から喜んでくれたのです。

その様子を目の当たりにし、僕は自分の本にこれだけの人々がかかわり、見えないところで支えてもらっていたことに、心底驚き、感銘を受けました。そして、**自分の目標やそこに至るまでの努力が大勢の人々を巻き込み、幸せにすることができたのだとしたら、それこそが成功であると痛感した**のです。

もちろん、収入や仕事が増え暮らしが潤《うるお》うなどといった恩恵も大切です。きれいごとを言うつもりはありません。しかし、そうした**自分にとってのプラスだけでは、決して成功したとは言えないというように思い至った**のです。

その一方で、実は僕としては正直「やっとか」という思いもありました。

当時、僕は40歳。なぜこんなに時間がかかってしまったのかと悔しかったのです。実感として、**『声に出して読みたい日本語』で書いた内容は、すでに20代のころにまとまっていた**ように思います。

その後の研究で多少厚みは増したかもしれませんが、ほぼほぼ20代のときに出来上がっていたのに、なぜ日の目を見るまで20年もかかってしまったのか。僕は、そんな疑問をずっと抱いていたのです。

ところが、あるときふと、それに対する答えのようなものを見出しました。世の中に聞く耳を持ってもらえるには、それ相応の歳月が必要だったのではないか、と気づいたのです。

平たく言うと、**22歳の人間の言うことと40歳の人間の言うことでは、人々の耳の傾け方に違いがある。22歳が何を言ってもそれほど説得力はないが、同じことを40歳が言えばそれなりに説得力がある。世の中にはそういう側面もある**と学んだのです。

もちろん、スポーツ選手やミュージシャン、芸術家などは違います。年齢など関係なく、若くして成功している人がたくさんいるのは知っての通りです。むしろ、若いほうが成功しやすいケースもあるでしょう。

でも、一般的な仕事や学術研究となると、どうしても年齢や社会的経験が大きな影響を及ぼすことになる。

年齢が上だから、経験を重ねているから優れているとは必ずしも言えない。しかしながら、経験を経たからこその説得力や、その年齢だからこそ増す〝訴えかけの力〟というものが、どうしてもあるわけです。

これについては、君も今後、働いていくなかで僕と似たような思いを抱くことがあるかもしれません。

正しいことを言っているのに、若いから、経験がないからと一蹴されてしまう。同じ意見を述べても、なぜか先輩や上司ばかりが認められる。

そんな歯痒い経験をしたら、僕のこの経験を思い出してほしい。

『三国志』のなかに、**「伏竜鳳雛《ふくりょうほうすう》」**という言葉が登場します。

これはすなわち「偉大な竜でも伏する時期があり、同じく鳳凰《ほうおう》でも雛《ひな》の時期がある」という意味で、**どれほどの能力を持っていても力を発揮できない時期はある、ということを表した言葉**です。ちなみに、高校生のとき、この「伏竜鳳雛」をみんなでクラスTシャツにした記憶があります。

これに照らしたら、僕などは40歳——というオジサンになる——までヒナだったということですから、ちょっと遅いですが……。

ただ、**成長するにはそれほどの時間がかかり、だからこそ焦らずじっくりと、熟する時期を待って大きな成功をつかみなさいと、そう解釈することもできる。**

世の中では、若くしての成功を騒ぎ立て、お金を成功の指標にしがちです。

でも、人生は「伏竜鳳雛」。

世間的な成功よりも、まずは自分らしい仕事を精一杯し、それによって人を幸せにできること。それが回りまわって成功、幸福を導くのではないかと、経験者として強く思います。

「幸福」について

人生はきれいごとでは済まない。
抗い難い運命の渦に巻き込まれ、
何度も〝モンスター〟と戦うことになる。
だが、逃げ出さずにそれを打ち倒して初めて
「幸福」を得られるのだ——

Happiness

「幸福」ということについて、少し伝えそびれたことがありました。

前の手紙で、「自分の頑張りによって人を幸せにできることが、一番の成功であり幸福であろうと思う」というようなことを書きましたが、**幸福というものは、本人の願いや努力とは無関係に与えられた環境や状況に左右される**ものでもあります。

たとえば、誰かと出会って結婚して、子どもが生まれたとします。その子どもとの出会いは、自分自身では選べません。昨今、「親ガチャ」という言葉が流行しましたが、まさに運命でしかないのです。

こんな子だったらいいとか、こんなふうに育ってくれたら幸せだとか、親としての願いや期待はあるにしろ、それが叶《かな》う保証はありません。幼い頃は何の問題もなかったのに、成長するにつれ変わってしまうこともありますし、逆に学生時代はヤンチャだった子どもが、立派な社会人に成長することもあります。

要するに、本人が好むと好まざるとに関係なく、いろいろな要素が絡み合って運命がいったん転がり出したら、それはおそらく止めようがないということ。

まさに〝生生流転《せいせいるてん》〟の人生において、運命の渦に投げ込まれたら抗《あらが》いようもない。**そういう不可抗力的な要素も人生には確実にある**わけです。

こんなことを書くと「それじゃ、頑張っても意味がないじゃないか」と君は言うかもしれません。だったら人生そんなに頑張らず、何でもそこそこに、現状維持でやればいいじゃないか。そう思うかもしれませんよね。

事実、今の世の中はそんな風潮が強いようにも感じられます。

いい世の中にしようとわが身をすり減らすより、現状のままでいるほうが快適だと。

その結果、みんなが保守的になり、仮に幸福をイコール生活の快適さとするなら、先の読めない子育てなどしないほうがいいとなる。

でも、それが果たして幸福であると言えるでしょうか。

快適さにしがみついて現状維持に甘んじるのが、人間の幸せと言えるのか。

僕はちょっと違うと思う。

たしかに、大きな運命の渦には抗えないかもしれない。でも、**幸福というのは、偶然の出会いというものを経て、運命の渦巻きのなかでダイナミズムを感じることにこそあるのではないか。**

運命の渦に投げ込まれて、「何だ、これは」「どうしたらいいんだ」「おお、でもこの運命ってすごいな」と、そんな疾風怒濤《しっぷうどとう》のなかで、もがき乗り越えていくような体験を経て、初めて幸せを感じられるのではないかと思うのです。

こうしたことを一言で言うとしたら、僕は「勇者の振る舞い」と表したい。

勇者というのは、自ら苦難を望んで旅に出ます。そして、旅の途中で苦難を乗り越え、モンスターと戦い、打ち破って故郷に帰還する。

これはジョーゼフ・キャンベルの『千の顔をもつ英雄』（早川書房）という神話を研究した本の基本理論です。

ただ、どの勇者の物語も大体同じで、英雄たちは苦難を求め、モンスターを倒して故郷へ帰ってくる。

途中でモンスターに必ず出くわし、それを倒さないと、なかなか充実感を得られない、幸福が得られないというのが、英雄物語の主人公のメンタルなわけです。

むろん、何も誰しも常に英雄のメンタルを持たなければならないとは言いません。

ただ、**程度はさておき、人生のどこかで世の中の〝モンスター〟と戦う。苦難にチャレンジして試行錯誤しながら、それを乗り越える。そうした経験の面白さがもたらす快感こそが幸福のベースになるのではないか**、と僕は思うのです。

たとえば、思い出してみてください。

小学生の頃、3段の跳び箱が跳べたら、次は4段を跳ぼうとしましたよね。4段ができたら次は5段、6段と、より高い段に挑戦したくなりましたよね。

「4段が跳べたんだから、それでいいや。5段に挑戦なんかしなくてもいい」などとは、まず思わなかったはず。

もちろんやってみてダメだった、どう頑張っても跳べないから4段でよしとしようということはあるでしょう。ですが、**やらないまま低い段で満足するなどということ**

はきっとなかった。現状維持での喜びなんて子どもの頃はなかったはずです。**挑戦してみて「やった、できた!」となった瞬間、達成感や充足感、そして幸福感を味わっていた**のではないでしょうか。

今の君たち世代は、この快感を教わることなく、4段のままでいいと、現状維持を強いられているようなもの。もっと言うなら、本来5段でも6段でもいける人が4段をずっと跳ばされているかのような、そんな不健全な状況にあるわけです。

君だったら、ずっと4段でいいですか?

5段でも6段でもレベルアップできるかもしれないものを、永遠にそのままでもいいと感じますか?

現状維持の保守的なマインドと英雄のメンタル、果たしてどちらが真の幸福をもたらすと思いますか。

この機会に、改めてぜひとも幸せの価値というものについて考えてほしい。僕は心からそう思います。

「人生」について

幸せな人生か否かを決めるのは、
貯金の額でもなければ、出世でもない。
どれだけ本気で充実した日々を送ったか、
その積み重ねしかないのだ。
さて君は今日、何にチャレンジするのだろうか――

Life

しばらくぶりですね。君の返信から、とても忙しそうな様子が伝わりました。

どうぞムリしすぎず――とは言いつつ――君にとっては貴重な経験だと思いますから、がむしゃらに、存分に、仕事と向き合ってみてください。

気を張ることも多いだろうし、ああすればよかった、こうすればよかったと悔いることもあるでしょう。けれど、きっとすべて〝未来への投資〟になるはずです。

ただ、大変なことも多い反面、君は今、毎日が充実しているのではないかと思う。

手紙でもこう書いていましたね。

「やることや考えることがたくさんあって、毎日が長く感じられる」と。

この感覚こそが日々充実して過ごしている何よりの証拠です。

僕は「なんだか1日が長い」「昨日のことがすごく遠く感じられる」というのが、いい生き方なのだと思う。だから僕自身も、日々できるだけダラダラ過ごさず、昨日が少しでも遠く感じられるような生活を心がけています。

具体的には、なるべく空き時間を作らないよう細かく予定を立てる。

たとえば、地方に仕事で出かけるとき、多くの人は1泊2日などで予定を立てますが、僕はたいてい日帰りにします。たとえ、目的地が九州や北海道であってもです。午前中に家で仕事して、午後九州に行って、家に帰って夜また仕事をあれこれして、というのも日常茶飯事ですね。

こんなふうに過ごすと、1日がとても長く感じます。1週間も経ったら、もう思い出せないほど遠いなという感覚になっています。僕はこんな感覚で何年も生きてきたせいか、「人生って長いなあ」とつくづく感じるのですよね。

よく「40代はあっという間だった」というようなことを言う人がいますが、僕の場合そんな感覚は皆無です。かたや20代の頃は仕事もなくブラブラしていることが多かったので、時間があっという間に過ぎてしまいました。

単純に言ってしまえば、**1日を充実させるためにはできるだけ用事をたくさん入れたほうがいい**。ただし、だからといって、ぎゅうぎゅうに詰め込みすぎは禁物。たとえば、**1コマ90分単位で1日をブロックに区切って、そこに仕事の予定を入れていく**

ようにするといいと思います。

学校の時間割のように、「この1コマは経費の精算」「次のコマは打ち合わせ」「パワーポイントの資料作りは時間がかかるので2コマだな」といった具合に、かかる時間の見当をつけたうえで、それぞれのブロックにやるべきことを割り振るのです。

こういう使い方を習慣づけていくと、時間のムダづかいが自然と減っていきます。

やることにかかる時間感覚も身につき――これこそ最高の〝タイパ〟ではないかと思いますが――「打ち合わせは夜の2コマに入れられるな」といったように、時間をますます有効に使えるようになるわけです。

ちなみに、これは仕事だけでなく、プライベートでも役立つこと間違いありません。たとえばお休みの日、午前中はゆっくり休んで、午後の2コマは家のことをやって、その後、2コマを使ってゆっくり本やマンガを読む。場合によっては、さらにそのあとの夜の2コマで、友だちを誘ってご飯を食べてもいいですよね。

このように区切って時間を管理すると、1日をなんとなく過ごしてしまった、行き当たりばったりで結局やりたいことがやれなかったと後悔せずに済みます。

もちろん、たまには何もせず1日中部屋でゴロゴロという日があってもいいでしょう。ただ、休みといえばいつもゴロゴロ……は考えもの。結局、平日は仕事で、休日は無為に過ごすだけだと、自分の内面を充実させ、成長させる時間がゼロということになってしまいますからね。


時間を有効に使うというと、常に何かクリエイティブなことをしなさいと急《せ》き立てられているように感じられるかもしれませんが、そういうことではありません。

たとえば1日中どこにも行かず、ひたすら映画を観るという日があってもいいと思います。

実際僕も、とくにすることがない日には、1日中映画を観て過ごすこともあります。映画1本1コマ半から2コマとして、1日に5本、もしくは6本。僕はこれを2日続けて、全部で9本の映画を観たこともありました。そのときは1日が本当に長く、たかだか2日前のことがずいぶん遠くに感じられたものです。

僕は物語の世界にものすごく入り込むタイプなので、そんなふうに没頭したあとは、まるで深海魚が海底から太陽の下へと浮上したようなまぶしい心持ちになります。とても濃密な時間を過ごすことになるので、どこかに出かけて何かをしなくても、充足感がすごい。**こうした没入体験もいい時間の使い方のひとつ**と言えるでしょう。

よく、仕事が忙しくて友だちにも会えない、彼女とご飯にも行けないという人がいますが、「そんなに忙しい仕事ってある？」と僕は思ってしまいます。

僕も仕事でかなり忙しくしているほうですが、親しい人に会う時間もないなどということはほとんどありません。

君も忙しそうだけれど、片時も仕事から離れられないわけではないはず。

1コマでもいいので何かに没頭して充足感を堪能する。すると1日の終わりに、今日は充実した幸せな時間を過ごせたと実感できる。そして、そうした時間、日々の積み重ねが「幸福な人生」へとつながるのです。

君の次の課題は、このあたりにあるかもしれませんね。

おわりに

先日、学校の先生をしている教え子から手紙が届きました。15年ほど前に私のゼミ生だった人で、手紙には「先生の言葉を胸に、子どもが生まれてからも仕事を辞めずに頑張っています」と書いてありました。

私のどの言葉を胸にしているのかと思ったら、「熱があっても測るな」とのこと。「それを胸にしちゃダメだろ！」と心の中でツッコミつつ、同時に「われながらおかしなことを言っているな」「でも、自分ならいかにも言いそうだな」とも思ったものです。

この言葉の真意は、ふんわりとした「体調不良」というものを、まるで〝免罪符〟のように使うのはよくないよ、と伝えたかったところにあると思います。

仕事や勉強から逃げるための決まり文句として、「体調不良で」を繰り返しているうちに、内に秘めた意欲や本来発揮できるはずの力まで削がれてしまう。だったら、いっそ熱があっても測るな、多少の熱なんか吹き飛ばす気概を持ってほしい。詳しい経緯は昔の話なので忘れてしまいましたが、そんなことを伝えたかったのでしょう。

ちなみに、これは「千日回峰行《せんにちかいほうぎょう》」――7年にも渡って比叡山《ひえいざん》のなかを歩き続ける天《てん》台宗《だいしゅう》の荒行《あらぎょう》――を達成した僧侶が言っていた言葉でもあります。

「熱があっても測るな」というと、いかにも厳しい響きがありますが――決して字義通りに受け取らないでくださいね――それを胸に頑張っているということは、私の真意を教え子がうまくキャッチしてくれたのだと、ポジティブに解釈します。

ともあれ、ときを超えて、教え子と互いに心が通い合い続けていることに、感謝と幸福の念を覚えずにはいられません。

本文の手紙を読めばおわかりのように、私の言葉には極端な部分が多分にあると思います。でも、少々〝過激〟な形で伝えるほうが、得てして人の胸に深く刻み込まれるはずです。

現に私は30年以上にわたり、そういう熱量で教え子たちと接してきました。

本書をお読みいただき、とりわけ社会人1年生がストレスを最小限に抑えて生きるには、心をどのようにセッティングすればよいか、ということがわかっていただければ、これに勝る喜びはありません。

人生は、心の持ちよう次第です。

「人生は祝祭だ」「出会いのときを祝祭に」を合言葉して、お互い明るく生きていきましょう。

2025年3月吉日

齋藤孝

切りとり線

★読者のみなさまにお願い

この本をお読みになって、どんな感想をお持ちでしょうか。祥伝社のホームページから書評をお送りいただけたら、ありがたく存じます。今後の企画の参考にさせていただきます。また、次ページの原稿用紙を切り取り、左記編集部まで郵送していただいても結構です。

お寄せいただいた「100字書評」は、ご了解のうえ新聞・雑誌などを通じて紹介させていただくこともあります。採用の場合は、特製図書カードを差しあげます。

なお、ご記入いただいたお名前、ご住所、ご連絡先等は、書評紹介の事前了解、謝礼のお届け以外の目的で利用することはありません。また、それらの情報を6カ月を超えて保管することもありません。

〒101—8701(お手紙は郵便番号だけで届きます)
祥伝社　書籍出版部　編集長　栗原和子
電話03(3265)1084
祥伝社ブックレビュー　www.shodensha.co.jp/bookreview

◎本書の購買動機

＿＿＿新聞の広告を見て	＿＿＿誌の広告を見て	＿＿＿新聞の書評を見て	＿＿＿誌の書評を見て	書店で見かけて	知人のすすめで

◎今後、新刊情報等のパソコンメール配信を　　希望する　・　しない

◎Eメールアドレス　　※携帯電話のアドレスには対応しておりません

@

100字書評

悩み続けてきた「僕」から君たちへ

住所

名前

年齢

職業

悩《なや》み続《つづ》けてきた「僕《ぼく》」から君《きみ》たちへ
社会人《しゃかいじん》1年生《ねんせい》に伝《つた》えたい成長《せいちょう》と成功《せいこう》の本質《ほんしつ》

令和7年4月10日　初版第1刷発行

著　者　齋藤孝《さいとうたかし》
発行者　辻浩明
発行所　祥伝社《しょうでんしゃ》
〒101-8701　東京都千代田区神田神保町3-3
☎03(3265)2081(販売)
☎03(3265)1084(編集)
☎03(3265)3622(製作)

印　刷　萩原印刷
製　本　積信堂

ISBN978-4-396-61836-0　C0095

祥伝社のホームページ　www.shodensha.co.jp